KB237276

돈 후안
치명적인 유혹의 대명사

차례
Contents

1976년 미셸 푸코가 "300년의 세월도 잠재우지 못한 돈 후안의 명성"이라고 말한 것은 30년이 지난 오늘날에도 유용하다. 아마도 '돈 후안Don Juan'은 여성들에게만큼이나 작가들에게도 인기 있는 인물일 텐데, 지금까지도 문학과 영화로 대변되는 예술의 분야에서 살아 숨쉬며 우리에게 다가오고 있는 것이다. 그동안 셀 수 없을 만큼 많은 작가들이 그를 작품의 주인공으로 신택했으며, 그보다 더 많은 이들이 그를 연구대상으로 삼아 있다. 세상에 꽤 알려진 돈 후안을 주제로 한 작품으로는 띠르소 데 몰리나이『세비아의 농락자와 초대받은 석상石像』과 몰리에르의『동 쥐앙 또는 석상의 잔치』, 모차르트의「돈 지오반니」, 바이런의『돈 주앙』, 호세 소리야의『돈 후안

떼노리오』, 막스 프리쉬의 『돈 후안 또는 사랑의 기하학』 등
이 있으며 돈 후안적인 캐릭터를 사용하는 작품들은 그야말로
무수하다.

　이렇게 질과 양의 측면에서 다양한 돈 후안을 담론의 대상
으로 삼을 때 어디에 기준을 두고 논의해야 되는가는 먼저 짚
고 넘어가야 할 과제가 아닐 수 없다. 오늘날 존재하는 돈 후
안에 대한 모든 이야기를 포괄하는 책은 없을 뿐 아니라, 또한
존재하기도 힘든 것이다.

　본고의 목적은 그 분량만큼이나 소박하다. 즉, 바람둥이나
난봉꾼 정도로만 알려진 돈 후안에 대해 보다 정확하고 개괄
적인 지식을 전달하려는 것이다. 17세기에서 현대에까지 이르
는 이 인물의 성격은 다양하고 또 서로 상극이기까지 하다. 이
에 우리는 방법론적으로 모든 돈 후안론에 있어서 그 누구도
무시할 수 없고 늘 논쟁의 범위 안에 있어왔던, 돈 후안 문학
의 첫 열매인 『세비야의 농락자와 초대받은 석상El burlador de
Sevilla y convidado de piedra』(1630)을 준거準據로 사용할 것이다. 그
리고 인물에 대한 일반적인 서술은 보다 더 많은 작품을 염두
에•두고 전개될 것이고, 필요하다면 다른 작품들도 제외시키
지는 않을 것이다.

돈 후안의 탄생

우리에게 돈 주앙 또는 동 쥐앙 등으로도 알려진 '돈 후안'을 탄생시켰다고 여겨지는 스페인 작가 띠르소 데 몰리나Tirso de Molina(1584?~1648)는 가톨릭 사제인 가브리엘 떼예스Gabriel Téllez의 필명이다. 그러나 그와 그의 작품으로 추정되는 『세비야의 농락자와 초대받은 석상』[1](이후 『세비야의 농락자』)의 진위에 대한 문제는 그리 간단치가 않다. 그 첫 출판시기가 분명하지 않은 데다가 여러 종류의 판본이 난립하고 있고, 또 누가 작가인가의 문제도 애매하기 때문이다. 19세기 중엽까지는 이 작품의 판본과 작가에 대한 특별한 문제가 제기되지 않았었다. 이때까지는 『세비야의 농락자』의 판본들과 번역본들이 1653년에서 1673년 사이에 출판된 것으로 추정되는 단행본들을 추종하고 있었다. 18세기에 복사되고 또 부분적으로 내용이 수정되기도 한 이 단행본들의 텍스트는 매우 유사했고, 이 구동성으로 띠르소 데 몰리나를 그 저자로 지목하고 있었다.

그러다가 1860년 라 바레라Cayetano A. de la Barrera가 1630년 바르셀로나에서 출판된 『로뻬 데 베가와 다른 작가들의 새로운 희곡 12선選Doce comedias nuevas de Lope de Vega y otros autores』에 『세비야의 농락자』가 수록되어 있음을 알렸다. 기존의 단행본들과 비교할 때 이 판본이 시기적으로 앞선 것임이 드러났고, 또 기존의 작품들에서 누락돼 있던 150행行 정도의 내용도 보완할 수 있게 되었다. 그리하여 『세비야의 농락자』의 집필시기는 최소한 1630년 이전으로 당겨졌다.

그런데 1878년에 『세비야의 농락자』와 내용면에서 거의 일치하고 있는 『회개할 시간은 넘치도록 충분하다네Tan largo me lo fiáis』2)라는 작품이 발견되어 이 작품과 『세비야의 농락자』의 출판시기를 둘러싼 기나긴 논쟁이 시작되었다. 어떤 학자들은 『회개할 시간은 넘치도록 충분하다네』가 『세비야의 농락자』보다 먼저 씌어진 작품이라고 보고, 또 다른 이들은 『세비야의 농락자』가 시기적으로 선행됐음을 주장하고 있다. 또 한편으로는, 이 두 작품이 어느 한 작품에서 나온 두 개의 버전이라고 주장하는 이도 있다. 그러나 시기적으로 어느 것이 선행됐든 새로운 자료와 증거가 나오기 전까지는 『세비야의 농락자』를 가장 중요한 자료로 인정하는 것이 연구자들의 일반적인 태도이다.

　이와 연관된 작가의 문제 역시 꽤나 복잡한데, 그것은 『회개할 시간은 넘치도록 충분하다네』가 스페인 바로크를 대표하는 극작가인 깔데론 델 라 바르까Calderón de la Barca(1600~1681)의 이름으로 출판된 것에 기인한다. 당시에는 흥행을 위해 유명작가의 이름을 사용하는 것이 빈번했기에 이 작품이 깔데론의 작품이라고 믿는 이는 아무도 없지만, 적어도 그 원본이 띠르소 데 몰리나의 작품이라면 띠르소 대신 깔데론의 이름을 도용할 만한 아무런 이유가 없다는 것이 문제가 된 것이다. 왜냐하면 비록 깔데론이 17세기를 대표할 만한 최고의 스페인 극작가이긴 했지만 그가 명성을 얻기 시작한 건 1630년 이후이고, 1630년부터 1635년 사이의 띠르소는 모든 작품의 흥행을 보장하는 작가였기 때문이다. 게다가 띠르소는 5권으로 된 자신의 희곡집에 오늘날 그의 대표작으로 평가되는 『세비야의 농락자』를 포함시키고 있지 않아 저자문제에 대한 의혹을 증폭시키고 있는 실정이다.

　한편 『회개할 시간은 넘치도록 충분하다네』가 제기한 이런 문제 이외에 『세비야의 농락자』의 문체가 띠르소의 다른 작품들과 차이를 보이는 반면, 1610년에서 1617년 사이에 세비야에 살았던 극작가인 안드레스 데 끌라라몬떼Andrés de Claramonte(1580~1626)의 문체와 일치한다는 사실은 끌라라몬떼를 ‘서자문제의 장場’으로 강력하게 끌어들였다. 그리하여 결국, 『세비야의 농락자』의 작가로 거론되는 이들은 메넨데스 뻴라요Menéndez Pelayo가 주장하는 로뻬 데 베가를 비롯하여 띠

르소 데 몰리나, 안드레스 데 끌라라몬떼 등으로 다양화되었
다. 그러나 작가문제를 해결할 수 있는 결정적인 문헌이 출현
되지 않는 한 이런 논쟁은 결론에 도달할 수 없을 것이기에,
오늘날에는 『세비야의 농락자』의 작가로 띠르소 데 몰리나를
인정하기를 거부하는 이들조차도 "띠르소 데 몰리나의 작품으
로 추정되는"이라는 문구와 함께 이 작품을 소개하고 있다.

『세비야의 농락자』의 내용

1막:

　무대는 나폴리 왕궁. 돈 후안은 밤을 틈타 친구 옥따비오 공작의 약혼녀인 이사벨라를 정복한다. 그를 약혼자인 옥따비오 공작으로 착각했던 이사벨라는 사람을 부르고 그녀의 소리를 듣고 온 나폴리 왕은 까스띠야(스페인의 왕국) 대사인 돈 뻬드로에게 사건의 해결을 맡긴다. 이에 돈 후안은 돈 뻬드루에게 단둘이 이야기할 것을 요청하고 자기가 그의 조카임을 밝힌다. 돈 후안은 스페인에서도 귀족 여인을 우롱하여 그의 아버지가 그를 보호하기 위해 나폴리로 보냈던 것이다. 돈 뻬드로는 조카에게 시실리나 밀라노로 가라고 충고하고는 그를 보내주지만 돈 후안은 삼촌의 말을 거역하고 스페인으로 가는 배에 오른다.

돈 뻬드로는 왕에게 나타나 이사벨라를 농락한 자가 싸우다가 도망갔노라고 말하며 그자가 옥따비오 공작이었다고 말한다. 또한 왕 앞에 나온 이사벨라도 피해를 최소화하기 위해 그자가 자기 약혼자인 옥따비오 공작이었다고 거짓말을 한다.

이사벨라와의 사랑을 생각하며 상념에 잠겨 있던 옥따비오 공작은 돈 뻬드로의 방문을 받고 자신이 모략에 빠졌음을 알게 된다. 그는 돈 뻬드로에게 자신이 스페인으로 도망갈 수 있도록 해 달라 부탁하고, 돈 뻬드로도 그렇게 사건을 종결하겠다며 이를 묵인한다.

무대는 스페인 따라고나의 어느 바닷가. 아름다운 어부 여인 띠스베아가 자신의 미모를 과시하며 수많은 남성들의 선망의 대상이 된 것을 노래하던 중 돈 후안과 그의 하인 까딸리논이 탄 배가 난파되는 것을 목격한다. 돈 후안은 까딸리논을 구하고 바닷가에 이르러 의식을 잃는다. 띠스베아는 마을 사람들에게 도움을 요청하러 까딸리논을 보내고, 그 사이에 의식이 돌아온 돈 후안은 그녀를 유혹하여 마을 사람들이 도착했을 때 띠스베아는 이미 돈 후안의 포로가 되어 있다.

한편 세비야의 왕궁에서는 알폰소 11세 왕에게 돈 곤살로 데 우요아Don Gonzalo de Ulloa가 포르투갈에 다녀온 보고를 하고, 왕은 그의 노고를 치하하며 그의 딸 도냐 아나를 귀한 신분의 기사인 돈 후안과 결혼시킬 것을 계획한다. 무대는 다시 어촌. 돈 후안은 띠스베아에게 결혼을 약속하는 한편, 하인 까딸리논에게는 도주를 위한 말을 준비시킨다. 이후 돈 후안은 띠스베아를 능욕하고 준비된 암말로 도망간다. 그리고 남겨진 띠스베아는 울부짖으며 복수를 맹세한다.

2막:

　장소는 다시 세비야에 있는 왕궁. 돈 후안의 아버지인 돈 디에고는 왕에게 돈 뻬드로가 나폴리에서 보내온 편지에 대해 말하면서, 돈 후안이 그곳에서 저지른 일과 피해자인 옥따비오 공작이 세비야에 머무르고 있음을 알린다. 왕은 이미 돈 곤살로의 딸과 돈 후안을 결혼시키기로 한 결정을 내린 바 있기 때문에 이 문제에 대해 난처해한다. 그러나 만일 옥따비오가 이사벨라와의 사랑에 대한 미련으로 괴로워하지 않고 동의한다면, 그를 돈 곤살로의 딸인 도냐 아나와 결혼시키고 돈 후안은 가까운 곳으로 유배를 보내려 한다. 이때 등장한 옥따비오에게 왕은 도냐 아나와의 결혼에 대한 생각을 묻고 이를 들은 옥따비오는 매우 기뻐한다.

　오랜만에 만난 돈 후안과 라모따 후작은 예전에 그들이 함께하던 거리의 여자들에 대한 이야기를 나눈다. 이야기 끝에 라모따 후작은 사촌 동생 아나와 서로 사랑하지만 왕이 그녀를 다른 사람과 결혼시키려 한다는 사실로 괴로워하고 있음을 돈 후안에게 고백한다. 라모따 후작과 까띨리논이 잠시 퇴장하고 돈 후안 혼자 있을 때, 어느 여인이 라모따 후작에게 전해달라면서 편지를 돈 후안에게 맡긴다. 그 편지는 도냐 아나가 라모따에게 보내는 것으로, 서로의 사랑을 확인하기 위해 그날 밤 11시에 붉은 망토를 입고 와서 사랑을 나누자는 내용이었다. 돈 후안은 라모따에게 11시를 12시로 바꿔 그 내용을 전달한다. 라모따의 퇴장 후 돈 디에고가 등장해 아들을 질책하고 레브리하로의 추방을 알린다.

밤이 되어 돈 후안을 만난 라모따 후작은 그가 사창가에 가서 재미를 볼 때 동네 건달을 따돌리기 위해 자신처럼 보이도록 자신의 붉은 망토를 빌려준다. 돈 후안은 라모따의 붉은 망토를 받고 퇴장하고 후작은 12시가 되기를 기다린다.

장면이 바뀌어 돈 후안에게 속았음을 깨달은 도냐 아나의 비명을 들은 돈 곤살로가 칼과 방패를 들고 나타나 돈 후안과 대결하다가 그의 칼에 찔려 죽는다. 돈 후안을 기다리던 라모따는 망토를 돌려받고, 돈 후안이 사라진 후 등장한 돈 디에고는 "망토의 주인이 기사단장 돈 곤살로를 죽인 자"라며 라모따를 체포한다. 이어 왕이 나타나 돈 곤살로의 무덤에 비석을 세우고, 그 비석에 망자의 복수를 다짐하는 글을 새겨 넣으라고 명령한다.

한편 돈 후안이 레브리하로 유배가는 길인 도스 에르마나스 마을에서는 신부인 아르민따와 신랑 바뜨리시오의 결혼식이 진행된다. 돈 후안은 결혼식에 참석해 신부의 옆에 앉아서 그녀를 유혹한다. 신랑인 바뜨리시오는 돈 후안의 출현에 불안을 느낀다.

3막:

　신랑 바뜨리시오가 질투로 인해 괴로워한다. 이때 돈 후안이 나타나 바뜨리시오에게, 사실은 자기가 오래 전에 아르민따에게 마음을 주고 그녀를 취했다고 거짓말을 한다. 또한 절망에 빠진 그녀는 화가 나서 다른 남자의 아내가 되었지만 자기에게 오라는 편지를 보냈다면서, 이제 자기는 그녀와의 약속을 지키려고 하니 만일 자신의 일을 방해한다면 죽이겠다는 협박까지도 서슴지 않는다. 돈 후안의 말을 곧이곧대로 믿어 환멸에 빠진 바뜨리시오는 절망하며 아르민따를 포기한다. 이후 아르민따의 아버지인 가세노까지 포섭해 버린 돈 후안은 까딸리논에게 도망할 때 쓸 말을 준비시키는 한편, 아르민따에게 가서 그녀를 구슬리고 사랑을 맹세한 후 정복해 버린다.

　무대가 바뀌어 이사벨라와 그녀의 하인 파비오가 등장하는데, 그들의 대화를 통해 이사벨라가 돈 후안과 결혼하러 세비야로 가기 위해 따라고나에 도착했음을 알 수 있다. 이때 띠스베아가 나타나 "돈 후안에게 복수하길 원하니 내 남편이 되길 원하는 안프리소와 함께 나를 세비야로 데려가 달라"고 부탁하고 이사벨라는 이를 허락한다.

　돈 후안은 까딸리논과 함께 돈 곤살로 데 우요아의 무덤 옆을 지나다가 "여기 가장 충성된 기사가 어느 배신자를 향한 신의 복수를 기다리고 있다"고 쓴 비문을 보고 비웃으며, 석상의 수염을 잡아당겨 욕을 보이고는 석상을 저녁식사에 초대한다. 이후 돈 후안이 까딸리논과 식사하려 할 때 문을 두드리는 소리가 나고 돈 후안의 식사초대에 응한 석상이 들어온다. 석상은 돈 후안의 손을 잡고 다음날 10시에 예배실에서 기다리고 있겠다면서 돈 후안을 저녁식사에 초대한다.

왕과 돈 디에고가 등장하여 이사벨라가 돈 후안과의 결혼을 위해 세비야에 와 있다는 사실과 돈 후안에게 레브리하 백작으로 작위를 준 것을 이야기한다. 왕은 또한 도냐 아나가 라모따 후작의 사면을 요구하고 있다면서 그녀와 후작의 결혼식을 계획한다.

돈 디에고는 라모따 후작을 만나 그의 사면 소식을 전하고, 라모따는 돈 곤살로를 죽인 자가 자신이 아닌 돈 후안임을 밝힌다. 이후 아르민따와 가세노가 등장하여 아르민따가 돈 후안과 결혼했다면서 옥따비오에게 돈 후안을 만나게 해 달라고 부탁하고, 옥따비오는 이를 자기 명예에 대한 복수의 기회로 삼으려 한다.

한편 돈 후안은 까딸리논에게 왕이 자기를 아버지 이상으로 후대해 주었다고 자랑하고는 그날 밤에 이사벨라와의 결혼식에 참석할 것을 분명히 하지만, 그전에 석상과의 저녁식사 약속을 지키려 한다. 돈 후안과 까딸리논은 석상의 초대에 응해 예배실에 도착한다. 돈 곤살로는 전갈과 독사로 만든 음식과 쓸개즙과 식초로 만든 술을 대접하고 돈 후안은 이를 먹는다. 그러는 동안 노랫소리가 들린다.

신께서 늦게

심판하시는 자들은
오지 않는 기한이 없고
갚아지지 않는 빚이 없음을 알라.
이 세상을 살아가는 동안
어느 누구도 "회개할 시간은 넘치도록 충분하다네"
라고 말할 수 없네.
죄값은 너무도 빨리 치러야 하니.

식사를 마친 돈 후안은 식탁을 치우게 하고 돈 곤살로는 그에게 손을 달라 한다. 석상에게 손을 건넨 돈 후안은 온 몸이 불에 타기 시작한다. 그는 도냐 아나의 순결은 범하지 않았다고 하면서 마지막으로 고해를 하고 싶어 하나, 석상은 그에게 회개할 기회나 시간을 주지 않는다. 돈 후안은 죽어 석상과 함께 땅속으로 가라앉는다.

장면이 바뀌어 바뜨리시오가 왕에게 찾아가 억울함을 호소하고 띠스베아도 돈 후안을 고발한다. 또 아르민따는 자기와 돈 후안을 결혼시켜 달라고 간청하고 라모따는 자기에게 누명을 씌운 자가 돈 후안이라고 왕에게 밝힌다. 그들의 말을 들은 왕은 돈 후안을 잡아 낭상에 숙이라는 명령을 내리고, 돈 디에고도 자기 아들이 벌을 받도록 해 달라고 왕에게 간언한다. 이때 까딸리논이 등장하여 그간의 일과 돈 후안의 죽음에 대해 왕에게 고한다. 이에 옥따비오는 이사벨라가 미망인이 됐으니 그녀와 결혼하겠다고 하고, 라모따는 도냐 아나와 결혼하며

나머지 인물들은 그들의 짝과 결혼하겠다고 한다. 왕은 그 일
이 오랫동안 기억되도록 무덤을 마드리드에 있는 성 프란시스
코 성당으로 옮길 것을 명령한다.

『세비야의 농락자』의 사회

총체적인 도덕의 위기

마에스뚜Ramiro de Maeztu는 띠르소를 포함한 이후의 스페인 작가들이—사모라와 소리야—모두 돈 후안의 무대로 다른 나라들을 설정함으로써, 공간으로서의 스페인을 의미 없는 것으로 만들었다고 주장한다. 또 예외적인 경우를 제외하면 스페인 여인들은 결코 돈 후안에게 속지 않았다고도 억지를 부린다. 그러나 실상 모든 작품의 주무대는 스페인이 분명하고, 더욱이 『세비야의 농락자』는 부패한 당대 스페인 사회 전체에 대한 강력한 비판의 메시지를 담고 있다.

1막에서 작가는 돈 곤살로의 말을 통해 부패한 세비야의 이미지를 리스본에 대한 찬양과 비교·대조하고 있는데, 이것이 동시대의 죄악과 광기를 드러내는 데 사용한 가장 효과적인 방법이었다고 존 바레이John Varey는 주장하고 있다. 돈 곤살로의 이 장광설은 이미 첫 장면에 나온 나폴리 왕궁과 이후에 등장하는 세비야 왕궁을 신앙이 조화를 이루는 미덕의 도시 리스본과 대조시키고 있는 것이다. 돈 곤살로는 리스본의 종교적으로 훌륭한 건물들로 대중들의 주의를 환기시킨다. 그가 벨렌 수도원(convento de Belén)과 하브레가스 수도원(convento de Jabregas)에 대해 말하고, 리스본이 외국인에게 주는 주된 인상은 웅장한 종교적 건축물에 의해 지배당한다는 느낌이었다고 고백하는 것이다. 돈 곤살로가 언급하는 리스본은 하느님을 경배하는 경건한 도시이고, 빈자貧者들을 돌보며 문무를 숭배하는 도시여서 공평과 정의가 분배되는 곳이었다. 테르 호스트Ter Horst도 리스본에 대한 이 긴 찬양에는 이 도시가 마땅히 드려야 할 것을 하느님께 바치고, 조화와 미덕을 이루고 있으며, 사람들은 축복받은 곳이라는 의미가 내포되어 있다고 언급하였다.

반면 2막에 나오는 세비야에 대한 묘사를 보면 리스본의 그것과는 완전히 다르다. 먼저 리스본은 이 작품의 가장 강직한 인물인 돈 곤살로에 의해 묘사되고 있는 데 반해, 세비야는 두 명의 난봉꾼인 돈 후안과 라모따 후작에 의해 묘사된다는 차이가 있다. 옥따비오는 세비야에서 아내를 찾으라는 왕의 말에 세비야를 긍정적으로 묘사하지만 돈 후안과 라모따의 입을 통해 묘사되는 세비야는 매춘부들로 가득 차 있는 곳이며—
그들 중에는 좋은 집안 출신들도 있다—성병도 많고 거친 농
담과 매춘부들에게 서비스를 받고도 대가를 지불하지 않는 사
기꾼들이 판을 치는 곳이다.[3]

　이렇듯 띠르소의『세비야의 농락자』는 가장 중요한 스페인
도시의 하나인 세비야를 예로 하여 스페인의 도덕적 상태를
강하게 비판한다. 또한 아르민따와 바뜨리시오의 이야기를 통
해 도시의 삶과 농촌의 삶을 대조시킴으로써 도시의 삶을 경
멸하고 전원생활을 찬양하기도 한다.

　스페인의 타락한 면모는 이야기에 등장하는 인물들을 통해
보다 구체적으로 드러난다. 루이스 라몬Ruiz Ramón은 이 작품
에 등장하는 인물들의 거의 총체적인 부도덕함을 강조하며 파
렴치함이 전 작품을 감싸고 있다고 주장하였다.『세비야의 농
락자』에서 주된 비판 대상은 귀족이지만, 왕과 평민을 포함한
모든 사회계급이 비판의 범위 내에 위치한다. 비판의 대상으
로서 주요 인물들의 면모를 살펴보면 다음과 같다.

　(1) 이사벨라. 그녀는 왕궁으로 애인을 끌어들여 왕의 명
예에 누를 끼쳤고,[4] 이후 자신의 명예를 위해 자기를 모욕
한 이가 옥따비오였다고 거짓 증언하여 그에게 누명을 씌워
결혼하려 한다. 또 진상이 밝혀지자 돈 후안과의 결혼을 계
획한다. 하루아침에 남편감이 바뀌었지만 그녀에게는 그런
것이 문제가 되지 않는다. 옥따비오 공작이나 돈 후안이나

모두가 다 명망 있는 귀족이기 때문이다. 그녀는 하인에게 다음과 같이 말한다: "돈 후안의 아내가 되는 것이 / 슬픈 게 아니다. 온 세상이 다 / 그가 귀족임을 알고 있지 않느냐. / 내 명예가 모욕당해 사람들이 수군거리는 게 슬픈 것이야" 그녀에게는 내면의 미덕보다 외적인 가치가 더욱 소중했던 것이다.

(2) 나폴리 왕: 그는 이사벨라의 고함소리를 듣고 등장해서는 사건의 해결에 자신이 없음을 밝히고 그것을 돈 뻬드로에게 맡긴다. 또한 이후에는 이사벨라의 말을 들은 후 사건을 해결하기보다는 그녀의 말을 잘라 사건의 진실을 밝히는 데는 별 관심 없이 그 불미스런 사건을 덮어두려는 것에 연연한다. 그는 정의롭지 못할 뿐 아니라, 이사벨라를 옥따비오와 결혼시키려는 결정도 문제를 해결하지 못한다.

(3) 돈 뻬드로: 그는 돈 후안과의 대화에서 자신 역시 젊은 시절에 바람둥이였음을 부인하지 않는다. 그는 호기심도 많고 엉큼하여, 상황에 걸맞지 않게 돈 후안에게 이사벨라를 유혹한 방법에 대해 묻기도 한다. 그리고 나폴리 왕의 명령에 복종하기보다는 자기의 이익을 먼저 계산한 후 돈 후안에게 도주할 것을 권한다. 한편 나폴리 왕은 범인이 경비병과 싸우다가 도망갔다는 돈 뻬드로의 말을 그대로 믿어버린다. 경비병에게 확인만 해 보아도 돈 뻬드로가 거짓말을 했음을 알 수 있었는데도 말이다. 돈 뻬드로는 이후 무고한 줄 알면서도 옥따비오를 체포하러 가고, 그에게도 도주를 권한다. 그는 나폴리 왕에게는 불충한 자요, 이기주의자이

며, 편견 있고 엉큼한 자로 분석되는 것이다.

(4) 스페인 왕: 스페인 왕 알폰소 11세는 나폴리 왕처럼 무능하고 소심한 인물로, 신하인 돈 디에고에게 의지하는 유약한 자이다. 그는 돈 후안의 아버지로서 사리판단이나 문제해결에 공정할 수 없는 돈 디에고에게 "내 곁을 떠나지 마오, 그대가 모든 것을 알고 있으니"라고 말한다. 그는 말 썽을 일으킨 돈 후안을 레브리하로 유배 보낸다는 신하의 말에 동의함으로써 자신은 국왕으로서의 모든 판단과 결정 에서 벗어나 무위도식하고 있음을 드러내고 또 지나치게 가 벼운 벌을 허락함으로써 '공정한 왕'이라는 별칭을 무색케 하고 있다.5) 더욱이 여인을 농락하는 일 이외에는 특별히 하 는 일 없는 돈 후안을 레브리하 백작으로 임명하고 그곳을 통치하게 함으로써 판단력과 균형감각의 한계를 드러낸다.

(5) 돈 디에고: 그는 돈 후안의 아버지로서 국왕의 총신이 다. 그러나 돈 뻬드로와 마찬가지로 그는 돈 후안 문제에 있 어서 공평무사하게 일을 제대로 처리할 수 없는 사람이다. 그는 돈 뻬드로가 무고한 줄 알면서 옥따비오를 체포하듯, 돈 곤살로의 살해범이 라모따가 아님을 알면서도 후작을 체 포하려 한다. 돈 디에고의 약점은 왕의 신하로서의 신분을 망각하고 공사를 구별하지 못한다는 것이다.

(6) 돈 곤살로: 이 작품에서 유일하게 결함이 없는 인물이 돈 곤살로이다. 그런 그가 가장 먼저 죽임을 당한다는 것은 매우 아이러니컬한 사실이다. 그는 왕에게 절대충성을 하는 신하이고 신실하며 국가의 적들을 대적한 자이다. 완벽한

미덕의 소유자였기에 그가 복수의 도구로 사용되는 것은 어쩌면 당연한 귀결인지도 모른다.

(7) 옥따비오: 그는 하층민들을 무시하여 현명한 하인인 리뻬오에게 바보라고 하지만, 정작 자신은 돈 뻬드로의 술수에 넘어가 죄가 없으면서도 도망가는 바보짓을 저지른다. 또한 그는 왕이 자기에게 세비야의 아가씨를 아내로 주선해 주겠다는 말에 감탄하며 세비야를 찬양하는데, 이미 언급한 대로, 세비야는 실상 타락하고 부정한 도시이기에 그는 또 한 번 사리판단을 잘못한 셈이 된다. 한편 그는 처음에는 약혼녀인 이사벨라를 사랑하여 제법 그 사랑으로 인한 고민까지 할 정도로 진지한 사랑을 하는 듯 보인다. 그러나 이후 스페인 국왕이 세비야 아가씨와의 결혼을 주선할 때 그는 아무런 고민이나 망설임도 없이 이를 받아들인다. 결국 그에게 중요한 것은 결혼이었지 사랑은 아니었던 것이고, 그 기준은 여인의 아름다움과 가문이었다. 따라서 이사벨라가 아니더라도 아름답고 가문 좋은 처녀와의 결혼이면 그는 족한 것이다.

(8) 라모따 후작: 등장인물들 중 돈 후안만큼이나 부도덕하고 타락한 인물로, 그의 성향이나 행동은 돈 후안과의 대화에서 잘 드러난다. 아마도 그는 작중 인물 중 가장 부정적인 인물로 평가받을 수도 있는데, 사랑하는 여인(도냐 아나)을 두고도 매춘부들과의 관계를 즐기기 때문이다. 그는 세비야의 모든 매춘부들의 동향을 완벽하게 파악하고 있다.

(9) 도냐 아나: 그녀는 사랑하는 남자를 두고도 국왕과 아

버지가 정한 이와 결혼해야 하는 피해자였으나, 이에 대한 반항으로 자기 방에 사랑하는 남자를 끌어들이려 함으로써 육체적 순결을 가볍게 여기는 세태를 반영한다.

(10) 띠스베아: 교만한 어부여인 띠스베아는 구애자들의 고통을 즐기며 자신의 냉정함을 자랑한다. 그녀는 돈 후안을 보고 첫눈에 반하지만, 그것은 그가 깨어나기 전에 이미 그의 하인인 까딸리논이 그가 대단한 집안의 도련님이란 것을 말해주었기 때문이다. 까딸리논을 통해 익사 직전에 있던 사내가 "왕의 대시종의 아들이자 엿새 내에 세비야에서 백작으로 임명받을 분"이란 사실을 알고 이름을 확인한 띠스베아는 혼수상태에서 깨어난 남자의 유혹에 "당신의 말이 거짓이 아니기를 하느님께 기원해요"라며 자신의 운명을 걸었던 것이다. 그녀 역시 상류층 자제와의 계산된 결혼을 통해 신분상승을 꾀하는 평민의 한계를 벗어나지 못한다.

(11) 아르민따: 아르민따는 작품에 등장하는 가장 큰 피해자이다. 그녀는 약혼자인 바뜨리시오의 진실과 돈 후안의 달콤한 거짓말을 구별할 줄도 알았고 또 돈 후안에게 필사적으로 자신을 허락하지 않았던 인물이다. 그녀는 바뜨리시오가 자기를 버리고 떠난 상황에서 어쩔 수 없이 돈 후안을 맞이하게 되는 것이다. 또한 아르민따는 비록 돈 후안에게 함락되지만, 그전에 그로 하여금 신께 자기를 아내로 맞이할 것을 맹세하도록 하여 그가 하느님의 이름을 헛되이 하게 만듦으로써 그에게 복수하는 도구가 된다. 그러나 그녀 역시 자신을 '도나 아르민따'라고 부르며 신분상승에 대한

유혹에서 벗어나지 않고 있음을 드러낸다.[6]

(12) 가세노: 그는 돈 디에고의 명성을 듣고 있었기에 그의 아들이라는 돈 후안을 맹목적으로 신뢰하는 실수를 범한다. 또한 자기의 잔치에 귀족이 참석하여 자리를 빛내주어야 한다는 허영심으로 딸의 불행을 초래한다.

(13) 바뜨리시오: 아이러니컬하게도 그는 귀족들보다도 더욱 명예를 소중히 여기는 평민이다. 영악한 돈 후안은 이런 그의 약점을 파악하였고, 바뜨리시오는 사랑보다 자신의 명예를 지나치게 걱정하고 염려하여 아르민따를 빼앗긴다.

(14) 리뻬오와 까딸리논: 각각 옥따비오와 돈 후안의 하인인 이들은 주인들보다 더 현명하며 양심적인 인물이다. 아마도 『세비야의 농락자』의 작가는 이들을 통해 하인들보다 못한 귀족의 실체를 부각시키려는 의도도 가지고 있었을 것이다.

(15) 돈 후안: 그는 향락과 권력의 맛을 즐기려는 귀족을 대표하는 자라고 할 수 있다. 그는 독립적인 개체도 아니다. 그는 항상 말썽을 일으키지만 문제의 수습에 있어서는 왕의 총신인 아버지의 도움에 의존하는 '파파보이'인 것이다. 아르민따의 입을 통해 나오는 저 유명한 "기사도가 스페인의 수치가 됐다"는 말은 돈 후안으로 상징되는 귀족계급에 대한 비난이 아닐 수 없다.

『세비야의 농락자』가 쐬어질 당시 스페인은 레르마 공작에서 올리바레스 공작으로 이어지는 오랜 총신 정치체제하에 있

었다. 국왕들은 총신들에게 의존하는 정치를 펼쳐나갔고, 이
들을 중심으로 한 권력집중으로 인해 많은 사람들의 불만이
쌓여가고 있었다. 비록 우회적인 방법이지만 『세비야의 농락
자』의 작가는 작품을 통해 이런 현실을 비판한 것이었다고 평
가할 수 있다. 존 바레이는 나폴리 왕과는 대조적으로 스페인
왕은 진실을 외면하지 않는다면서, 그가 많은 횃불을 들고 등
장하는 것이 촛불 하나를 들고 등장한 나폴리 왕과 대조되는
위치에 있음을 간접적으로도 증명해 준다고도 주장한다.

그러나 이는 스페인 왕과 당대 정치적 현실을 반영한 『세
비야의 농락자』에 대한 균형 있고 타당한 평가가 아니다. 이
작품은 왕에게 붙어 있는 천박한 왕의 측근들을 공격하고 왕
이 직접 정의를 실현할 것을 암시하고 있는 것이다. 1625년에
띠르소는 "속되고 좋지 않은 자극이 되는 작품"을 쓴다는 이
유로 인해 개혁위원회에 회부되었다. 그의 작품활동이 위협받
게 된 이유에 대한 내막은 알 수 없으나, 아마도 성적 패륜아
인 돈 후안을 창조함과 동시에 국왕을 비롯한 당대의 정치체
제를 아우른 사회비판도 한몫했을 것으로 추정힐 수 있다.

또한 『세비야의 농락자』에서는 여러 인물들이 사랑의 관계
망을 형성하고 있으나 그중 진정한 사랑이라 평가할 만한 것
은 보기 어렵다. 돈 후안의 사랑은 사랑이 아닌 욕정이고, 다른
인물들의 사랑 역시 대상의 사회적 지위에 절대적으로 기인하
는 경향이 크기 때문이다. 역으로 말하면 당대 사회는 돈 후안
이 탄생될 정도로 진정한 사랑이 부재한 사회였던 것이다.

띠르소 데 몰리나의 스페인

　　다양한 역사적 자료들은 '스페인의 황금세기'라 일컬어지는 16, 17세기에 마드리드를 비롯한 대도시를 중심으로 많은 돈 후안이 존재했음을 보여준다. 당대의 스페인은 일련의 종교규율과 여성이 마땅히 지켜야 할 순결, 그리고 그와 깊은 관계를 가진 명예가 중요한 가치로 여겨지는 사회였다. 그러나 동시에 이러한 구조적 안정을 위협하며 무모한 행동을 일삼는 남성을 높이 사는 분위기 역시 만연해 있었다. 돈 후안처럼 여성에게 접근하여 유혹하는 것은 귀족 사회에서는 미화될 수 있는 행위였던 것이다. 디에고 마린Diego Marín은 자신의 욕구를 만족시키기 위해 사회적 위치나 영향력을 이용하는 것은 당시 상류층 젊은이들 사이에 자주 있는 일이었다고 주장했으며, 매튜 스트로드Mathew Stroud는 여인을 취하고 이를 위해 라이벌을 제거하는 것은 한량(galán)이라면 할 수 있는 일이었고 또 어떤 의미에서는 반드시 해야만 하는 일이었다고 말한다.

이런 스페인의 상황이 돈 후안의 출현에 일조를 하였다. 이 말은 타락한 스페인에 산재해 있는 바람둥이들을 모델로 했지만, 반드시 그런 이유 때문만으로 스페인에서 돈 후안이 탄생했다는 의미는 아니다. 바람둥이들에 의해 자행되는 유혹과 정복의 사건들은 유럽의 다른 도시들에서도 흔히 발견할 수 있었기 때문이다. 이에 대해 만델Oscar Mandel은 다음과 같이 말했다.

돈 후안이 가장 흥미롭고 가장 위대한 곳에서 출현한 것임에는 틀림없다. 그리하여 그는 여인들이(비록 소용없는 일이었지만) 집안에서 보호되는 곳, 그들이 남자들의 가장 소중한 명예를 대변하는 곳, 간음이 스캔들이고 여인의 파괴가 스캔들인 곳, 순결이 여인 최고의 미덕이고 남자의 법, 신의 법이 관능을 금지하는 장소인 스페인에서 출현한 것이다.

돈 후안이 탄생할 즈음에 스페인은 유럽에 법을 부여하고 있었던 반면, 다른 유럽국가들 중에는 내외적으로 엄격한 규범으로 인해 돈 후안의 파격적 행위가 극적인 감흥을 일으킬 만한 나라가 없었다. 16·17세기의 스페인은 그야말로 해가 지지 않는 세계 최강국이자 가장 보수적인 국가였기 때문에, 다른 나라에서보다 스페인에서 돈 후안은 영웅이 될 수 있었던 것이다. 환경에 대항한 인간의 반항에 있어 상황이나 분위기가 엄격할수록 반작용이 폭력적이듯, 스페인의 돈 후안은 이탈리아나 프랑스의 돈 후안처럼 평온한 영혼을 흐트러뜨리거나 율법과 주교들을 동요시키는 것에 만족하지 않고 신과 대면하며 사자死者의 석상과 맞섬으로써 그를 무시했다. 그리고 이 신성모독의 과격함이 농락자에게 권위를 부여했고 전설이 되어 전 세계에 퍼졌던 것이다.

이 전설이 출현했던 시기의 환경도 더없이 좋았다. 돈 후안이 탄생한 펠리뻬 4세Felipe IV(1605~1665) 시대는 르네상스의 열기가 창작붐을 일으킬 때였던 것이다. 당시의 스페인은 로뻬 데 베가, 깔데론 델 라 바르까, 띠르소 데 몰리나, 알라르꼰, 께베도, 공고라, 그라시안, 벨라스께스 등 기라성 같은 예술가들이 살며 스페인의 영광을 도모하던 시기였다. 더욱이 돈 후안의 시기였다. 역사학자인 흄Hume은 펠리뻬 4세와 그의 왕비였던 이사벨 데 보르본Isabel de Borbón 시대의 왕궁이 소돔과 고모라에 비교될 만큼 부도덕했다고 말했다. '문학은 어떠한 방식으로든 사회를 반영한다'는 명제는 이 시대를 통해서도 다시 한번 진실된 것으로 증명되었다.

이렇듯 당대의 스페인은 지향하는 사회적 가치와 현실이 어긋나는 모순된 사회였다. 이는 르네상스와 종교개혁, 그리고 반종교개혁이 초래한 가치의 혼동을 온 몸으로 받아내야 했던 스페인의 시대적 상황에 기인하는 것이었다. 르네상스를 통해 어느 정도 자유로워진 성적 자유는 트렌트 종교회의를 통해 제한되지만 이미 에로티즘적인 분위기는 이단적 신비주의7)와 결합하여 수도원에까지 스며든 상태였다. 이상理想(교회의 도덕적 규범들)과 현실(모든 교단의 성적 타락) 사이의 괴리는 더욱 고통스러워져만 갔고, 그와 더불어 종교재판소는 바쁘게 돌아갔던 것이다. 그리하여 띠르소는 돈 후안을 통해 육체적 욕망이 진지한 관심사가 된 르네상스 이후의 시대를 반영하는 동시에, 그의 죽음을 통해 그러한 관능성의 자유가 억압받는 당대 사회 현실을 드러내고 있다고 할 수 있을 것이다.

돈 후안 설화의 구조

　　돈 후안을 세상에 내놓은 『세비야의 농락자』는 크게 두 개의 이야기로 구성되어 있다. 먼저 3막의 중간 정도까지 전개되는 돈 후안의 애정행각이 그 하나이고, 이후 등장하는 석상의 이야기가 다른 하나인데, 작품의 원제목인 『세비야의 농락자와 초대받은 석상』부터가 '농락자'와 '석상'을 등가의 관계로 설정하고 있는 것이다. 객관적으로 보면 이 두 이야기 사이에는 별 상관관계가 없음을 알 수 있는데, 전혀 다른 이야기들을 자연스럽게 연결, 접목시킨 것은 전적으로 작가인 띠르소 데 몰리나의 역량과 재능이라고 할 수 있다.

농락자 돈 후안

  돈 후안의 애정행각을 보면 장소를 바꿔가면서 서로 다른 여인들을 대상으로 동일한 내용의 이야기가 반복되는 구조라고 할 수 있다. 그리하여 뻬드라사 히메네스Pedraza Jiménez와 로드리게스 까세레스Rodríguez Cáceres는 이를 '이동 드라마'라고 규정하기도 하는데, 여기서 돈 후안은 네 명의 여인들을 대상으로 속이고, 농락한 후, 도망가는 세 가지 단계를 반복하는 것이다. 피해여성들은 모두 약혼자 또는 사랑하는 남자가 있는 상황이고 이들과의 사기극은 모두 각기 다른 장소에서 이루어지는데 이를 정리하면 다음과 같다.

여 인	이사벨라	띠스베아	도냐 아나	아르민따
약혼자· 연인	옥따비오 공작	안프리소	라모따 후작	바뜨리시오
장소	나폴리	따라고나	세비야	도스 에르마나스

  돈 후안이 지금의 명성을 누리는 데는 이 네 여성의 희생이 밑거름이 되었다. 그러나 이 '넷'이라는 수는 단지 숫자적 의미만을 내포하는 것이 아니다. 모리스 몰로Maurice Molho와 얀 코트Jan Kott는 이 네 명의 희생자들이 전체 여성을 대표하고 있음을 간파하였다. 즉, 이들은 귀족(이사벨라, 도냐 아나)과 서민(띠스베아, 아르민따)을 대표하며, 이국 여인(이사벨라)과 자

국 여인(띠스베아, 도냐 아나, 아르민따)을 포함하는 한편, 뭍의 여인(이사벨라, 도냐 아나, 아르민따)과 물의 여인(띠스베아)를 대표한다는 것이다. 다시 말하면, 이는 돈 후안 앞에서 모든 여자가 동등함을 의미한다. 귀족이든 평민이든 매춘부든 모든 여자는 자신의 욕구를 만족시키려는 남자 앞에서 동등한 것이다. 모리스 몰로는 이를 가리켜 '질膣의 평등'이라 하였다.

또한 돈 후안은 자기가 목표한 방법을 달성하기 위해서는 수단과 방법을 가리지 않는 자이며, 또 그 대상의 되는 여인의 약점을 제대로 파악하고 있는 진정한 심리전의 승자이다. 그리하여 귀족여인들에게는 그녀들의 약혼자로 위장하는 방법을 사용하고, 평민여인들에게는 결혼을 통한 그녀들의 신분상승 욕구를 부추긴다.

신성모독과 석상의 심판

오늘날에는 돈 후안이 신화가 되어 '농락자'가 '석상'보다 훨씬 유명하고 또 돈 후안 설화를 대표하지만, 오토 랑크Otto Rank에 의하면 모차르트의 「돈 지오반니」 이전에는 돈 후안으로 상징되는 '매력적이고 시적인 유혹의 주제'보다는 석상이 대표하는 '죄와 벌이라는 고통스럽고 비극적인 주제'가 더 발전했었다. 이는 돈 후안 설화에 있어서 18세기까지는 '돈 후안'이나 '농락자'보다 '초대받은 석상'을 제목으로 하는 작품이 압도적으로 많았다는 것에서도 알 수 있다.

몰리에르나 소리야의 작품에서는 여인을 유혹 또는 납치하기 위해 수녀원을 침입하는 돈 후안이 등장하기도 하지만, 신성모독의 주제는 보통 석상과 연결된다. 그리고 모든 돈 후안 설화에서 석상은 보통 세 번 출현한다. 먼저, 돈 후안이 석상과 만나는 장면이 있는데 여기서 돈 후안은 석상을 알아보고 석상 아래의 비문을 읽고는 석상의 수염을 잡아당기며 조롱하고 모독한다. 그러나 장 루세Jean Rousset는 이런 무례함은 '석상의 초대'라는 더 큰 모욕이 없다면 대수롭지 않게 넘어갈 수 있는 것이라고 평가한다. 석상이 두 번째로 나타나는 것은 돈 후안의 저녁식사 때이다. 그는 돈 후안이 식사를 하는 도중에 출현하여 그를 당황케 하고 대립한 후 다시 돈 후안을 다음날 있을 자신의 식사에 초대한다. 그리고 이런 석상의 초대에 돈 후안은 두려워하면서도 자신의 용기를 세비야 전역에 떠벌리기 위해 응하게 된다. 마지막으로 석상은 자신의 만찬에 응한 돈 후안과 자리를 함께하다가 결국에는 그의 손을 잡는데 이때 돈 후안은 불길에 휩싸인다. 몸이 불에 타들어가면서 그는 석상에게 자신이 회개할 시간을 달라고 요구하지만 거절당하고 석상과 함께 불에 타면서 땅 속으로 가라앉는다. 그러나 소리야의 『돈 후안 떼노리오』를 비롯한 몇몇 작품에서는 마지막 순간에 구원을 받기도 한다.

돈 후안의 기원

    돈 후안을 문학이라는 틀을 통해 현존하는 것과 같은 인물로 형상화시킨 작품은 『세비야의 농락자』이지만 그 인물의 기원 또는 원천에 대해서는 이견異見들이 있어왔다. 이를 크게 분류하면 신화설, 민담설 그리고 실제 인물설의 세 가지로 분류할 수 있다.

신화의 영향

    먼저, 신화설을 주장하는 장다르므 드 베보뜨Gendarme de Bévotte는 돈 후안을 인류만큼이나 오래된 인물로 평가하면서 그 기원을 올림푸스의 신들에서 모색한다. 아마도 고대신화에서 돈 후안의 전범典範을 모색한다면 자유분방한 성욕을 가진 제우스나 광기어린 열정을 가진 디오니소스, 속임수에 능란한 헤르메스 등이 그 주인공이 될 것이다. 또 어떤 이들은 욕망과 관능의 상징으로서의 큐피드가 돈 후안의 탄생에 영향을 주었다고 주장하기도 한다. 신화란 어차피 인간의 이야기로 신들의 사랑, 질투, 복수, 정욕, 음모, 탐욕, 모성애 등을 통해 인간의 모든 감정을 고스란히 반영하기에, 서양의 고대신화에 등장하는 신의 모습은 문학에 등장하는 다양한 인간의 성격을 모두 포괄한다. 따라서 이런 영향을 전적으로 부인하는 것은 아니지만, 신화에서 문학적 인물의 구체적인 기원이나 원천을 모색하는 것은 좀 설득력이 떨어지고 공허한 듯하다. 더욱이 고대신화에는 돈 후안에 직접적인 영향을 주었다고 할 만한 요소들이 상대적으로 부족하기에, 구체적인 기원을 논함에 있어서는 배제시키는 것이 합당할 것이다.

민담·전설의 영향

반면 당시 스페인을 포함한 유럽의 여러 지역을 떠돌고 있던 전설이나 민담, 로만세(스페인의 구전시), 노동요勞動謠 등은 보다 강력한 영향력을 행사했다. 사실 『세비야의 농락자』는 스페인 황금세기 극의 전형적인 작품으로 평가될 수 있다. 다시 말해 『세비야의 농락자』의 대부분의 에피소드는 당시의 어느 전문 극작가에 의해서도 씌어질 가능성이 있었다는 것이다. 유혹과 위장, 명예, 익살스런 하인(이를 스페인에서는 '그라시오소gracioso'라 한다) 등의 요소들은 당시 스페인의 극작품에 늘 존재하던 요소들이었다. 그러나 띠르소의 작품이 동시대의 다른 작품들과 변별되고, 나아가 폭넓은 대중성을 확보할 수 있었던 것은 이 작품이 당대에까지 존재하고 있었던 오랜 이야기적 요소들을 수용했기 때문이다. 사자死者에 대한 모욕 또는 공격, 께름칙한 초대와 그에 대한 답으로의 초대, 그리고 석상의 복수는 이러한 민간 전승 이야기의 일반적인 패러다임이었던 것이다.

그중 가장 많이 인용되고 있는 것들 중의 하나가 메넨데스 삐달Menéndez Pidal이 1889년 스페인 레온León 지방의 리에요 Riello에서 발견한 로만세로, 그 내용은 다음과 같다

신앙생활을 게을리 하고 예쁜 여자들만을 찾아다니는 한 남자가 길에서 만난 죽은 자를 자기가 베푼 잔치에 초대했는데, 그가 초대에 응해 잔치에 와서 남자를 교회의 무덤에 데려간 후 빈 무덤에 산 채로 들어가라고 하나 그 남자는 이를 거부하고 죽은 자는 그에게 앞으로 신앙 안에서 살도록 타이른다.

이와 유사한 이야기나 전설은 프랑스 브레타뉴 지방, 독일, 덴마크, 아일랜드 등 유럽 여러 지방에 편재돼 있었다. 물론 스페인에도 띠르소의 작품이 출현하기 이전에 수백 년 동안

전해 내려오던 작자미상의 구전 설화들이 너무나도 많이 여러 지방에 산재해 있었다. 그러나 메넨데스 뻴라요는 위 작품에 대해 "여러 시대, 여러 나라에서 유사한 환상물은 많이 발견되었지만, 이처럼 돈 후안의 전설에 가까운 형태를 결코 본 적이 없다"고 평가했다. 사이드 아르메스또Said Armesto가 스페인의 갈리시아 지방에서 채집한 이야기들도 이와 유사하다고 볼 수 있는데, 다음은 그중 하나인 로만세의 내용이다

한 실성한 남자가 교회 앞마당에서 해골을 보고 냉소적인 목소리로 그를 결혼식에 초대했다. 그 해골은 결혼식날 밤에 와서 음식을 다 먹어치운 후에 그 남자를 다음날 저녁 식사에 초대했는데, 이 일로 그 남자는 밤새 잠을 이루지 못하다가 새벽에 사제에게 가서 이 일을 호소했다. 사제는 그의 말을 듣고 성수聖水로 그를 축복하고 성모상과 제의祭衣를 그에게 주었다. 그렇게 하면 해골이 힘을 쓰지 못할 거라면서. 단 그가 먹는 곳에서 먹거나 그가 마시는 곳에서 마셔서는 안 되고 그가 지나는 곳을 지나서도 안 된다고 충고했다. 그는 밤이 되자 사제가 준 옷을 입고 떨며 약속 장소에 나갔으나 해골이 주는 음식을 먹기를 거절했고, 이에 해골은 주먹으로 젖은 음식과 독이 든 포도주를 쓰러뜨리고 그 남자를 보면서 "꺼져라, 그리고 사제에게 감사해라"라고 했다. 그 남자는 무사히 귀가했고, 다시는 죽은 자들을 조롱하지 않았다.

　오토 랑크는 『세비야의 농락자』의 저자는 전설에서 사자死者의 주제만 취했다고 주장한다. 이는 돈 후안 설화의 나머지 반 또는 그 이상이라고 할 수 있는 농락자의 이야기는 띠르소의 독창성의 산물이라는 의미일 것이다. 그러나 이는 위의 설화들에서 보듯 부분적으로만 맞는 말이다. 이는 두 가지 의미에서 그러한데, 먼저 구전되어 내려오던 여러 이야기들 중에는 호색한 또는 바람둥이의 전설도 있지만 띠르소가 창조한 '농락자'의 수준에는 이르지 못하기 때문이며, 두 번째는 구전되어져 왔던 모든 이야기가 이런 인물에 초점이 맞춰져 있는 것이 아니고 사자를 초대하는 에피소드를 중심으로 하고 있기 때문이다. 사자와 맞서는 인물들은 "신앙생활을 게을리하고 예쁜 여자들만을 찾아다니는 남자" "난폭함과 약삭빠름으로 유명한 청년" "기도보다는 자기 여인을 보러 교회에 간 마드리드의 어느 기사" 등으로 간략하게 표현되고 있는 것이다. 이를 정리하면 이들은 여자를 유혹하는 데 능숙한 호색한이라고 할 수 있고, 종교적인 관점에서 불신앙자이거나 믿음이 적은 자이고, 계급적으로 볼 때 상류계급에 속하는 귀족신분의 청년이다.

　주인공의 이러한 특징은 띠르소 데 몰리나의 『세비야의 농락자』에 그대로 반영되어 있다고 할 수 있다. 다만 자기 스스로를 통제할 수 없을 정도로 호색한의 이미지가 극단화되어 있고, 종교적인 면에 있어서도 기독교적 세계관에서 벗어나 있지는 않지만 하느님의 인내를 멋대로 해석하여 심판에 대해 제대로 이해하지 못하는 주인공으로 발전되어 있다. 또한 '상류계급에 속하는 귀족 신분의 젊은이'라는 신분적인 요소도 그 아버지인 돈 디에고 떼노리오와 삼촌인 돈 뻬드로 떼노리오를 왕을 측근에서 보필하는 대신과 나폴리의 스페인 대사로 위치시킴으로써 극대화되었다고 할 수 있다. 다만 띠르소의 주인공이 기존의 전설이나 민담의 주인공과 두드러지게 구별되는 것은 그의 무모함이라 할 수 있을 것이다.[8]

전설이나 민담의 주인공들이 사후세계를 대표하는 요소들과의 관계에 있어 경외심을 가지고 그들과의 만남을 두려워하는 데 반해 『세비야의 농락자』의 돈 후안은 이들에게 맞서는 무모함을 보이는 것이다. 그러나 이러한 특징도 띠르소가 창조해 낸 것이라고 볼 수는 없을 것 같다. 돈 후안처럼 유령이나 환영 앞에서 움츠러들지 않고 초자연적인 것에 대항하여 싸우는 인물들이 17세기 초 스페인 문학에서 드물지 않은 유형인 것도 밝혀져 있기 때문이다.[9]

한편 전설이나 민담의 주인공이 초대하는 이는 '죽은 자' '해골' '교살된 자' '죽음' '묘지의 물체' '조상彫像' 등으로 다양화되어 있는데, 『세비야의 농락자』에 등장히는 석상과 유사한 '조상'이 등장하는 것은 스페인 부르고스 지방에서 발견된 로만세민의 독특한 변형이다. 이베리아 반도의 민중 신화에서는 사자와 조상이 같은 실체를 이루었고, 예전의 스페인 농부들은 사자들이 석상의 모습을 하고 세상에 돌아온다고 믿었다는 것이다. 그러나 이와 더불어 띠르소가 또 다른 주인공으로 석상을 선택한 것은『세비야의 농락자』이전에 등장한 동시대의 많은 작품들 중 로뻬 데 베가의 작품의 영향으로도 평가받고 있다.10)

『세비야의 농락자』를 비롯한 후대의 모든 돈 후안 설화의 미스터리 중 하나는 주인공이 석상을 식사에 초대하는 것이다. 이는 돈 후안의 거칠고 성마른 캐릭터를 생각할 때 전혀 어울리지 않는 설정이다. 그는 자신을 모욕했다고 생각한 석상을 식사에 초대하기보다 오히려 그에게 결투를 신청했어야 옳았다. 결론적으로 말한다면, 띠르소를 필두로 모든 작가들이 '식사초대'의 모티프에 순종한 것 역시 전설과 민담의 영향이다.

그렇다면 전설과 민담의 주인공은 왜 석상을 초대하며 왜 석상의 초대에 응하는가? 대중의 상상력은 절대로 그 픽션을 자유롭고 변덕스럽게 작업해 내지 않는다. 겉으로는 터무니없어 보여도 절대적이고 완벽한 이론적 결정론이 대중의 모든 창작력을 지배하기에, 이 초대에도 논리적인 타당성이 내포되어 있다고 믿는 것이다. 몇몇 이야기는 다음날 결혼을 하는 사람을 주인공으로 설정함으로써 결혼잔치로의 '식사초대'를 정당화하고 있지만 이 '초대'의 모티프는 주인공의 신분과 상황에 관계없이 존재한다는 것이 문제이다. 사이드 아르메스또는 전통에 호소하여 이 '초대'가 전설의 기본이고 중요한 요소였기 때문이라고 이를 설명한다. 스페인을 포함하여 유럽 여러 지방에는 사자들을 위해 잔치를 여는 풍습이 있었고, 그 배후에는 죽은 이들도 산 자와 똑같이 배고픔을 느낀다고 믿는 민간신앙이 있었다는 것이다. 그의 연구에 의하면 스페인의 갈리시아, 아스뚜리아스, 레온 지방 등을 비롯하여, 포르투갈, 프랑스의 브레타뉴 지방 그리고 독일에 이르기까지 죽은 자에 대한 이러한 믿음은 유럽 여러 지방이 공유하는 것이었다. 또한 17세기의 신부였던 까라반떼스에 의하면 스페인 갈리시아 지방 오렌세 주의 깔델라스의 주민들은 죽은 이의 영혼이 요단강에 가서 먹고 마신다고 믿어, 죽은 이들이 도중에 먹을 수 있도록 수의에 음식을 넣어주었다. 즉, 옛 스페인 사람들의 신앙에 의하면 죽은 사람들은 살아 있는 사람들처럼 배고픔과 갈증을 느끼는 것이다. 그는 또 이런 모티프를 1년에 한 번 (보통은 '모든 영혼의 날') 죽은 사람을 초대하는 풍습과 연결하여 설명한다. 16세기까지 스페인의 갈리시아를 포함한 여러 지방에서는 11월 2일에 사자를 초대하는 풍습이 있었으며, 17세기까지도 그런 풍습은 어느 정도 지켜졌다는 것이다.

하지만 만델은 여전히 문제를 제기한다. 그 어떤 이야기도 이 의식을 언급하지 않았기 때문이다. 나아가서 만델은 이 전설을 시체를 먹는 원래의 종교적 의식이 완화된 형태로 생각한다. 시간이 지나 그런 의식의 의미가 퇴색됐을 때, 그런 식사를 위법과 혐오적인 것으로 생각했을 거라는 것이다. 그는 그 증거로 다른 민담의 존재를 제시한다.

한 여인이 시체를 파내 그 내장을 꺼낸 뒤 그것으로 남편에게 요리를 해 주었다. 그날 밤 그 시체가 찾아와 그녀의 머리채를 끌고 무덤으로 가서 그녀를 죽인 뒤 그녀의 내장을 자기 뱃속에 넣고는 다시 스스로 무덤에 들어갔다.

이와 같이 상호 초대의 전설이 한때는 더 무시무시한 이야기였고, 돈 후안의 조상들은 시체를 먹었다는 것에 더 무게를 두는 것이다. 이후의 단계에서 이런 야만적인 모티프는 완화되었고, 주인공은 먹히지 않고 죽임만 당하거나 사면되기도 했던 것이다. 몇몇 이야기에서는 의도하지 않고 해골을 걷어찬 것으로 벌을 받은 것도 사실이나, 대부분의 이야기는 해골을 걷어차는 행위를 의도된 것으로 묘사하여 이야기를 도덕화하고 있다.

이 같은 맥락 속에서 돈 곤살로의 석상을 식사에 초대한 돈 후안의 행동은 스페인의 민간신앙과 결합된 전설의 전통과 부합되는 것이라 할 수 있다. 다만 띠르소의 작품에서는 죽은 자에 대한 이러한 호의조차도 신성모독의 의미로 해석된다는 차이점이 있다. 돈 후안이 석상을 초대하기 전의 모욕적인 행동이나 초대에 있어서도 죽은 자나 신에 대한 아무런 경외심도 없이 가볍게 일을 처리하는 것과, 또 석상에 대한 아무런 접대준비가 없었던 것으로 보아 그의 식사초대는 본래의 의미를 저버린 신성모독으로 연결되는 것이다.

『세비야의 농락자』에 등장하는 돈 후안의 죽음에 대해서는 또 다른 해석도 가능하다. 돈 후안이 죽게 되는 것은 그가 돈 곤살로의 석상을 초대했을 때가 아니고 석상의 초대에 응했을 때인데 여기서 그는 석상이 제공하는 음식을 먹고 마신다. 일부 전설에 의하면 이렇게 주인공이 사자死者의 손에서 벗어나 위기를 모면할 수 있게 된 이유는 주인공이 선행을 했거나 기독교 사제의 조언을 충실히 이행했기 때문인데, 사제는 어떤 경우에도 사자가 주는 음식을 먹지 말 것을 충고하고 있다. 이에 대해 블라데Jean-François Bladé가 프랑스 가스코뉴 지방에서 채집한 '죽은 자의 식사 이야기(Le souper des morts)'를 비롯하여 스페인의 민간 전통에 이르기까지, 산 자가 사자들에게 음식을 제공하는 것은 의무적인 것이지만 일단 음식이 바쳐진 후 그것을 치우거나 맛을 보는 일은 신중하지 못한 것으로 여겨지고 있다. 이러한 전설의 전통으로 볼 때, 띠르소의 작품에서 돈 후안이 죽기 위해서는 석상이 제공하는 음식을 먹고 마시는 것이 필요할 것이다. 이는 사모라나 소리야의 것처럼 주인공이 구원받는 다른 작품들에서 돈 후안이 석상에 의해 제공된 음식을 거부하는 것과 큰 차이를 가지고 있는 것이다.

띠르소는 노련한 극작가로서 이런 전설·민담을 멋지게 각색했다. 『세비아의 농락자』에서 시지는 가해자(돈 후안)와 면식이 있을 뿐 아니라 그에 의해 살해된 자였던 것이다. 그리고 이런 연결은 후대의 작가들에서도 지켜졌다. 또 가해자가 죽은 자를 조롱하는 행위도 나름대로 이유가 있는데, 그는 석상 아래 있는 위협적인 문구에 질색했기 때문이었다. 그리하여 석상에 대한 돈 후안의 모욕은 이제 더 이상 우연한 것이 아닌, 의도적이고 이유 있는 것이 되었다.

왕을 모독하고, 환대를 배반하며, 우정을 배신하고 결혼파기와 신성모독 등 그가 죽어야만 했던 이유는 너무도 많았다. 그러나 띠르소는 농락자와 석상이라는 서로 다른 두 이야기를 자연스럽게 연결하기 위해 돈 후안이 죽은 이유를 "여자들을 농락한 죄값을 치르는 것"으로 하고 있다. 즉, 그는 돈 곤살로를 살해하거나 그의 석상을 모독한 행위를 비롯한 다른 이유 때문이 아니고, '농락자'로 신의 심판을 받음으로써 전설과 민담을 통해 전수된 석상의 이야기가 작가가 창조해 낸 새로운 캐릭터와 멋지게 결합된 것이다.

한편 그가 답례로서의 석상의 초대에 응하는 것은 담대함을 과시하려는 스페인 기사의 기본적인 태도 때문이라고 설명할 수 있다. 아마도 띠르소는 옥따비오 공작과의 결투 등의 방법을 통해서 돈 후안을 제거할 수도 있었을 것이다. 그러나 그는 굳이 석상을 사용하여 돈 후안에게 복수를 하게 함으로써 두 마리의 토끼를 다 잡을 수 있었으니, 그것은 곧 관객의 요구와 하느님의 요구였다. 즉, 그는 대중 극작가로서의 본능적인 감각을 가졌기에 하늘의 심판을 통해 구전 설화에 대해 잘 알고 있던 당대 관객들의 기대를 충족시켜줌과 동시에 사제로서의 기독교적 세계관에 기초한 결말을 끌어냈던 것이다.

다음은 장 루세가 전설과 띠르소를 포함한 이후 작품 사이의 차이점들을 요약한 것으로 돈 후안 설화에 있어서의 민담·전설의 영향을 잘 보여준다.

	전설	『세비야의 농락자』와 이후의 작품들
1. 주인공	농부, 하인, 직공. 때로는 부자나 귀족; 신 랑들.	명문가문의 아들.
2. 사자死者	해골, 교살된 이 또는 사 람의 뼈.	조상彫像.
a) 사자를 모욕함(초 대)	이전의 관계는 없었음.	주인공과 기사장의 결투.
b) 사자의 방문	살아 있는 사람의 모습 으로 등장하나, 때로 뼈 나 유령의 모습을 하기 도 하고 드물게 해골의 모습으로 나타난다.	조상.
c) 사자를 방문함	몇몇 작품에서는 누락. 그리고 이 경우에 주인 공의 처벌은 주검이 방 문했을 때 이뤄진다.	초대에 대한 답례이며 묘지나 교회에서 마지막 만남이 이뤄진다.
3. (피해) 여성 그룹	등장하지 않음.	항상 등장.
4. 결말	세 종류의 결말: 잘못을 저지른 이가 도망가거나 죽거나(그 자리에서 죽 기도 하고 며칠 후 죽기 도 한다) 지상에서 살기 도 한다.	주인공의 죽음과 처벌.

파리넬리 vs. 사이드 아르메스또

민담 또는 전설은 국가정체성과 연관되어 있기에, 돈 후안
은 세계적인 캐릭터가 되고부터 이러한 가설에 입각하여 자신

의 국적에 대한 논쟁을 통과해야만 했다. 이탈리아의 파리넬리A. Farinelli와 독일의 슈뢰더Schröder 그리고 스페인의 사이드 아르메스또가 각각 돈 후안 설화가 자신의 나라의 민담 또는 전설에 기원하고 있다고 주장한 것이다. 이들 중 보다 진지하게 다뤄져야 할 논의를 전개한 이가 파리넬리와 사이드 아르메스또이다.

먼저 포문을 연 것은 파리넬리였는데 그는 『세비야의 농락자』의 가장 오래된 판본이 1630년에 출판된 것임에 반해, 이탈리아에서는 1620년에 이미 『초대받은 석상*Il convitato di pietra*』의 공연이 있었다는 리꼬보니Riccoboni의 주장을 받아들여 문제를 제기했다. 그러나 18세기의 떠돌이 희극배우로서 57세에 은퇴한 후 연극예술에 대한 글을 쓰다가 대수롭지 않은 『이탈리아 연극사』에 이런 사실을 무책임하게 기록한 리꼬보니의 언급을 신뢰한다는 것 자체가 경솔한 일이라고 사이드 아르메스또는 일침을 가한다.

이에 비해 17세기 이탈리아의 유명 저술가인 리오네 알라치Lione Allacci는 자신의 『극작법』에서 이탈리아의 가장 오래된 『초대받은 석상』은 1652년 나폴리에서 출판된 것이라고 밝히고 있는데, 보다 신뢰할 만한 연구자인 알라치의 주장을 존중한다면 이탈리아의 작품은 스페인 작품보다 시기적으로 늦은 것임에 틀림없는 것이다. 사이드 아르메스또가 대단히 민족주의적인 입장에서 출발하여 돈 후안의 기원과 국적을 방어하는 데 매우 열중하고 있음에는 의심의 여지가 없다. 그러나 더욱

문제가 되는 것은 파리넬리의 주장이 아무런 근거가 없다는
것이었다. 마에스뚜가 이후 밝힌 바에 의하면, 리꼬보니는 자
신의『이탈리아 연극사』에서 1620년경의 이탈리아 연극의 쇠
퇴에 대해 말한 것이지 1620년에『초대받은 석상』이 공연됐
다고 한 것은 아니었다. 그는 1620년경부터 이탈리아 연극이
쇠퇴하여『인생은 꿈La vida es sueño』11)(1636)이나『초대받은 석
상』같은 번역된 스페인 작품들이 이를 대신했다고 기술했던
것이다.

또한 파리넬리는 레온시오 백작이 길에서 만난 유령을 식
사에 초대하는 것을 줄거리로 하고 있는 이탈리아에 기원을
둔 '레온티오 백작의 이야기'에서 띠르소가 영감을 받은 것이
아닌가를 의심하고 있다. 스페인에 유령을 식사에 초대하는
이와 유사한 이야기가 없다면 그러한 가정을 받아들여야 할
것이다. 그러나 이미 언급한 바와 같이, 사자를 초대하는 이야
기의 전통은 스페인에 깊이 뿌리내리고 있었다.

실존인물설

돈 후안이 문학적 상상력의 산물이 아닌 실존 인물에 대한
이야기라는 혐의를 가지고 이를 밝히려는 시도들도 있었다.
1835년 프랑스의 루이 비아르도Louis Viardot는 돈 후안 스토리
를 세비야의 연감에서 읽을 수 있는 역사적 사실이라고 주장
했는데, 명망있는 가문의 자제이자 폭군 돈 뻬드로Don Pedro el

Cruel(1350~1369)의 동무였던 이 떼노리오는 기사단장의 딸을 납치하고 이를 제지하려는 기사단장을 죽였다는 것이다. 이에 세비야의 산 프란시스코 수도원의 고위 성직자들이 그를 교회로 유인하여 체포·심문하고 처형한 뒤 기사단장의 석상에 의해 지옥으로 보내졌다는 소문을 냈다고 했다. 비아르도의 이런 보고는 1세기 정도 인정되었지만 이후 스페인 연구자들은 세비야나 다른 도시의 문서보관소를 샅샅이 뒤져 그런 종류의 이야기는 없음을 밝혀내었다. 한편, 오토 랑크를 비롯한 몇몇 연구자들은 세비야 자애병원의 설립자인 돈 미겔 데 마냐라 Don Miguel de Mañara(1626~1679)[12]가 돈 후안의 실제 모델들 중 하나라고 주장하지만, 그가 『세비야의 농락자』가 출현한 이후에 살았다는 것과 신비주의자였다는 사실은 이 가설의 불가능성을 입증해 준다.

아마도 이와 관련하여 가장 심도 있는 연구를 한 이들 중의 하나가 마라뇬Gregorio Marañón일 것이다. 먼저 그는 비아르도처럼 '떼노리오'라는 성姓에 의미를 두려는 것을 경계한다. 돈 후안 떼노리오라는 이름은 어떤 역사적 가치도 없다는 것이다. 스페인에는 늘 그런 성이 있었다. 예를 들어, 끄리스또발 떼노리오Cristóbal Tenorio라는 사람은 진짜 돈 후안이자 띠르소와 동시대인이었는데, 로뻬 데 베가의 딸을 유혹하고 납치하는 과정에서 로뻬에게 치명상을 입혔다는 기록도 있다. 그러나 마라뇬은 작품을 쓸 때, 띠르소가 자신이 알고 있는 그 어떤 떼노리오도 염두에 두고 있지 않았음에 틀림없다고 주장한다. 떼노리오라는 이름은 우연의 산물일 뿐이라는 것이다.

또한 마라뇬은 『세비야의 농락자』가 탄생할 당시의 스페인 국왕이었던 바람둥이 펠리뻬 4세도 돈 후안의 모델이 될 수 있다고 말하지만, 그와 동시대 사람이었던 비야메디아나 Villamediana 백작이었을 가능성에 보다 큰 무게를 두고 있다. 백작은 완벽한 외모에 대담하고 재능이 많으며 개인적인 매력으로 가득 찬 데다가 부도덕한 인물이었던 것이다. 그와 동시대인들은 모두 그의 육체적 아름다움과 우아함을 과장하여 표현하는데, 그는 바람둥이로서 왕의 추방을 겪기도 했고 이탈리아로 도망가야만 했을 때는 그곳에서 여러 번 결투를 벌이고 또 화려한 생활로 모든 사람들을 현혹시켰다고 한다. 또 일정 기간을 안달루시아에서도 살았는데, 이때 돈 후안 데 따시스Don Juan de Tassis라 불렸다고 한다. 이름 역시 거의 그와 비슷한 돈 후안 떼노리오Don Juan Tenorio였다.

그는 모든 연령대의 여인들, 다양한 신분의 여인들과 스캔들을 일으켰는데, 그중에서도 펠리뻬 4세의 왕비였던 이사벨 데 보르본과의 연애관계에 대한 소문이 주목을 받았다. 왕비는 아름다웠고 프랑스 왕이었던 자기 아버지의 재능과 호감을 물려받았지만, 또 다른 돈 후안이었던 남편 펠리뻬 4세는 날마다 애인을 갈아치우고 있었기에—왕은 일곱 명의 서자를 두었다—그녀는 진흙탕 속에 있는 진주 같은 존재로 평가된다. 사람들은 그 때문에 백작이 왕에 의해 죽임을 당했다고 알고 있다. 그러나 사실 비야메디아나 백작이 유혹한 건 경건하

고 정숙했던 왕비가 아니라, 그녀의 시녀인 도냐 프란시스카
였다. 그녀 역시 왕의 애인이었기 때문에 백작은 왕의 라이벌
이 된 것이다.

그러나 알려진 것과는 달리 이 위대한 낭만적 영웅은 남성
의 모델과는 거리가 멀었다. 자료에 의하면 백작은 남색에 얽
혀 있었음에 틀림없기 때문이다. 마드리드의 많은 인사들이
이 사건으로 동성애의 죄를 뒤집어썼는데 백작은 그 모임의
장長이었다. 백작은 살해됐으나 그가 죽은 이유는 비밀이 되
어 동성애에 얽힌 그의 명예는 구원을 받았다. 마라뇬은 이에
대해 다음과 같이 말하고 있다. "띠르소가 『세비야의 농락자』
를 쓸 때 직접적으로 백작을 모델로 했는지는 단언할 수 없다.
그러나 누가 돈 후안의 첫 모델인지를 묻는다면 나는 주저 없
이 비야메디아나 백작이라고 대답할 것이다."

그러나 돈 후안이 등장했던 17세기에 스페인 마드리드에서
일어났던 퇴폐적 사건들과 인물들을 열거하는 것은 어렵지 않
을 것이다. 마라뇬 자신도 당대의 사회·심리적 환경을 연구한
후 여자를 유혹하고 방종했던 인물들과 사건들이 돈 후안의
출현을 가능케 했다고 언급하고 있다.

오늘날 돈 후안 설화가 허구라는 데에는 모든 학자들의 의
견이 일치한다. 세비야에 떼노리오 가문이 있었지만 그것은
작가가 작품의 핍진성을 더하기 위해 차용한 것일 뿐, 그 이상
도 그 이하도 아니라는 것이다. 마라뇬의 말처럼 돈 후안은 당
시의 집단적 영혼의 아들이지 사람의 아들이 아닌 것이다.

돈 후안의 변신

　따르소의 『세비야의 농락자』는 먼저 이탈리아에서 모방되었는데, 양국 사이의 활발했던 문학교류가 생산해 낸 여러 번역본들 중 하나가 흘러간 것으로 추정된다. 현존하는 가장 오래된 이탈리아어 판본은 야친또 안드레아 치꼬니니Jacinto Andrea Cicognini의 『초대받은 석상Convitato di pietra』인데, 이는 1650년 이전에 씌어진 것으로 스페인 작품의 일부를 제목으로 사용한다는 점이 시사적이다. 하지만 이로 보아 이탈리아에서는 돈 후안이라는 캐릭터 및 도덕적인 교훈이 흥미를 끌지 못했음을 알 수 있다. 그곳에서는 돈 후안보다 그의 익살스런 하인이 주목받았고, 석상도 본래의 도덕적이고 종교적인 의미를 잃은 채 등골을 오싹케 하는 무대효과만을 낳았을 뿐인 것으로 보아 처음부터 돈 후안은 각국의 사정에 맞게 변신할 준비가 돼 있었는지도 모르겠다. 이후 오노프리오 질리베르또Onofrio Giliberto가 『초대받은 석상*Convitato di pietra*』(1652)을 출판하지만 소실된다. 그러나 이탈리아 배우들은 프랑스에 돈 후안을 소개하여 성공을 거두는데, 이러한 성공은 프랑스의 두 극작가인 도르미옹Dormion과 빌리에Villiers로 하여금 1658년과 1659년에 각각 『석상의 잔치 또는 범죄의 자식*Le Festin de Pierre ou le Fils Criminel*』이란 작품을 쓰게 하는 계기가 되었다. 이후 프랑스의 거장인 몰리에르가 『동 쥐앙 또는 석상의 잔치*Dom Juan ou le Festin de Pierre*』(1665)를 써 돈 후안의 역사에 커다란 족적을 남긴다. 몰리에르의 돈 후안은 대단히 지적인 인물로 변형되었고, 작품의 내용에 있어서는 석상의 역할과 장면이 축소·약화되었다는 특징을 남겼다.

이후 돈 후안 설화는 이탈리아, 프랑스, 스페인, 영국 등에서 지속적으로 출현하다가 1787년에 모차르트가 이탈리아의 다 폰테Lorenzo da Ponte의 리브레토 『돈 지오반니』를 토대로 오페라를 만들었다. 모차르트의 작품은 유혹자 돈 후안(돈 지오반니)의 이미지에 초점을 맞추고 석상의 장면을 복원시켜 몰리에르의 작품에서 변형되었던 돈 후안 설화의 모범을 따르면서 원형인 띠르소의 작품에 근접하였다.

낭만주의 시대에 돈 후안을 다룬 작품으로는 독일의 호프만E. T. A. Hoffmann의 『돈 후안』(1814)과 스페인 작가 호세 소리야José Zorrilla의 『돈 후안 떼노리오*Don Juan Tenorio*』(1844)가 대표적이다. 호프만의 돈 후안은 낭만주의자들의 열망과 이상을 구현하여 사회반항자이자 불굴의 연인이 되었고, 도냐 아나 역시 부친을 살해한 원수 돈 후안에게 비도덕적인 사랑을 느끼는 낭만적 인물로 변화하였다. 바이런의 『돈 후안』(1819)은 일탈된 주인공의 모습을 제시하는데, 이 작품에서 돈 후안은 반항적인 유혹자의 모습을 잃은 사회도피자이자 여성들에게 오히려 유혹을 당하는 자로 등장한다. 러시아의 푸쉬킨은 극시 「초대받은 석상」(1830)에서 기사장을 죽이고 그의 아내 —딸이 아닌— 도냐 아나와 사랑에 빠지는 돈 후안을 제시하는데, 이는 '사랑에 빠진 최초의 돈 후안'으로 평가된다.

낭만주의적 돈 후안의 또 다른 대표인 소리야의 돈 후안은 다른 남자와 결혼이 예정돼 있는 예비 신부를 범하고 수녀원 담을 넘어 예비 수녀까지 유혹하는 악당인데, 이후 예비 수녀인 도냐 이네스와 사랑에 빠져 '구원받는 돈 후안'의 모범이 된다. 그러나 같은 시대를 살면서도 스탕달Stendhal은 『베르테르와 돈 후안Werther et Don Juan』(1822)에서 돈 후안에 대한 거부감을 표현하고, 조르쥬 상드George Sand는 소설 『동 쥐앙』(1833)에서 낭만적 돈 후안의 부정적 측면을 드러내기도 했다.

19세기 중반의 귀스따브 르바쐬르Gustave Levasseur의 『동 쥐앙 바르봉Don Juan Barbon』(1848)과 쥘 비아르Jules Viard의 『늙은 동 쥐앙La Vieillesse de Don Juan』(1853)에서 돈 후안은 늙고 추한 모습으로 변한다. 주름진 피부에 역겨워지기까지 한 그는 주변 사람들로부터도 외면을 당하는 처량한 신세로 전락한다.

20세기에는 더욱 변질된 돈 후안이 탄생하였다. 르노르망H. R. Lenormand은 『인간과 그의 유령 *L'Homme et ses fantômes*』(1924)에서 그를 동성애자로 등장시켰고, 버나드 쇼의 『인간과 초인 *Man and Superman*』(1903)이나 막스 프리쉬의 『돈 후안 또는 사랑의 기하학*Don Juan oder die Liebe zur Geometrie*』(1962)에서는 여인에 대한 욕망이 제거된 상태로 등장하기도 했다. 이것은 기이한 진화이다. 돈 후안이 여성혐오자로까지 변형되었기 때문이다.

스페인에서도 돈 후안은 과감하게 변신했다. 아소린Azorín의 『돈 후안』(1922)에서는 젊었을 때의 방종함을 청산하고 후회하면서 자신의 잘못을 보완하기 위해 약자들에게 호의를 베푸는 주인공이 등장하고, 하신또 그라우Jacinto Grau의 『돈 후안 데 까리야나*Don Juan de Carillana*』(1913)에서처럼 여인을 유혹하지만 여인과의 관계에서 쾌락보다는 고통을 더 크게 느끼는 돈 후안도 존재한다. 바예 인끌란Valle-Inclán의 『사자死者의 선물*Las galas del difunto*』(1926)에서는 기존 작품이 극도로 패러디되어 소리야의 순결한 도냐 이네스가 돈 후안의 정부情婦로 등장하고 수녀원은 매음굴이 되며 수녀원장은 뚜쟁이로 변신하였다. 이렇게 20세기의 돈 후안은 여러 작품에서 기괴하게 패러디되거나 왜곡된 모습으로도 제시되었다.

원래의 남성다움을 잃어버리고 수동적인 꼭두각시가 돼버린 현대의 돈 후안은 설화의 원형파괴가 가져온 산물이다. 20세기의 돈 후안은 띠르소나 몰리에르, 소리야 등의 기라성 같은 작가군이 제시한 진정한 영웅과는 거리가 먼 것이다.

돈 후안은 누구인가?

신화로서의 돈 후안

오늘날 돈 후안은 별 이의 없이 신화로 받아들여지고 있다. 그런데 그것은 어떤 의미에서 신화인가? 우리가 일반적으로 말하는 신화는 그 배경이 보통 역사시대 이전으로 거슬러 올라가는데, 그렇다면 돈 후안은 분명 신화가 될 수 없다. 또한 신화의 시간성과 관련하여 레비-스트로스는 신화에는 "작가가 없다"고 주장했으나 돈 후안에는 띠르소 데 몰리나로 대표되는 수많은 작가군이 존재하기에, 신화의 반열을 향한 돈 후안의 상승을 막는 결과를 초래한다.

하지만 인물로서의 돈 후안, 신화로서의 돈 후안은 자신의 창조자와 작품에서 금세 독립하였다. 띠르소 데 몰리나와 『세비야의 농락자』는 잊혀졌지만, 돈 후안은 마치 애벌레에서 환골탈태한 나비처럼 마치 아무에게도 속해 있지 않다는 듯, 또는 모두에게 속해 있다는 듯 이 꽃에서 저 꽃으로, 이 작품에서 저 작품으로 옮겨 다니는 것이다. 그리고 바로 이러한 특성이 신화로서의 돈 후안을 지탱해 주는 힘이 되는데, 그것은 바로 집단무의식 위에 계속되는 힘과 연계된 익명성인 것이다.

돈 후안은 장 루세의 말대로 정체성을 잃지 않으려고 노력하며 시대와 환경에 적응하여 생존해 왔고, 전 인류가 차지하고 있으면서도 결코 고갈되지 않는 공통 자산이 되었다. 이 말은 돈 후안이라는 인물의 불멸성을 설명해 준다. 그리고 바로 이 불멸성이 신화로서의 그를 또 지원해 준다.

이러한 신화성에 대해 설명을 시도했던 몇 안 되는 비평가 중 하나인 마에스뚜는 돈 후안의 신화적 본능이 문학적 반응이 아닌 대중적 반응을 불러일으키는 능력에 연유하고 또 그것에 달려 있다고 본다. 돈 후안은 하나의 텍스트에 한정되지 않고 대중의 마음속에 존재하기에 신화라는 것이다. 즉, 돈 후안은 띠르소나 몰리에르, 소리야, 바이런 등에 의해 창조된 인물이라기보다는 대중들의 욕구에 의해 창조되었기에 신화라는 것이 그의 주장이다. 돈 후안은 관능의 승리를 대표하는 신화이다. 그는 관능의 표상이다. 그에게 관능은 이제 더 이상 그의 성격의 한 요소가 아니고, 여성에의 추구도 다른 관심사들과 함께 그가 열중하는 그 무엇이 아닌 것이다. 그것은 그의 삶의 유일한 존재이유이다. 그리하여 그가 하는 다른 일은 무엇이든지 부차적인 것이 된다. 그리고 이런 사실들이 그를 상징으로 만든다. 순전한 관능은 순전한 탐식이나 순전한 탐욕처럼 추상적인 것이다. 그렇기 때문에 돈 후안은 결코 존재하지 않았고 또 지금도 존재하지 않으며 또 앞으로도 존재할 수 없는 인물인 것이다.

살곳Salgot의 설명도 마에스뚜와 비슷하다. 그는 돈 후안의 주제가 지속되는 것에 대해 그것이 인간의 본성과 연관된 주제를 다루기 때문이라면서, 돈 후안은 모든 이들이 모색하고 느끼는—그러나 분명히 밝혀내지 못하는—그 무엇에 대한 알레고리적 허구라는 의미에서 신화라고 말한다. 즉, 돈 후안이 신화인 것은 시공을 초월한 지속성과 인간 본성과 연결된 주제 때문이라는 것이다. 그는 융심리학적인 신화관을 채택하면서, "신화는 실제 세계에서 규정할 수 없는 것을 집단적으로 갈망함에서 나온다"고 주장한다. 이는 "신화들은 국민 전체의 선택적인 환상의 변형된 잉여물과 일치하고 젊은이들의 통속적인 꿈에 부합된다"리는 프로이트의 말과도 일맥상통하다.

만델은 여인 없는 돈 후안을 불 없는 프로메테우스에 비유한다. 신화는 돈 후안에게 사랑 없이 여인들을 뒤쫓아서 정복하라고 요구한다. 그리고 정복한 뒤에는 미련 없이 버림으로써 그녀들을 절망에 빠뜨리라고 요구한다. 특히 19세기 이후 많은 작가들이 이런 돈 후안의 모습을 변형시켜 사랑에 빠지거나 무기력하며, 심지어는 여성을 혐오하기까지 하는 돈 후안을 탄생시켰으나 그런 돈 후안은 진정한 돈 후안, 신화적 인물로서의 돈 후안은 아니라 할 수 있다. 돈 후안은 기억되는 한 영원히 위대한 연인으로, 최악의 연인으로 남을 것이다.

돈 후안은 스페인 사람인가?

지금까지 돈 후안의 국적은 중요하게 다루어지지 않아왔다. 그것이 띠르소 데 몰리나의 돈 후안이든, 몰리에르의 동 쥐앙이든, 또는 바이런의 돈 주앙이든 그저 바람둥이나 농락자와 관계된 이야기면 족했기 때문이다.

'돈Don'은 스페인에서 남자의 이름 앞에 붙는 것으로, 보통 귀족의 이름 앞에 들어가던 존칭이다. 그리고 '후안Juan'은 영어의 '존John'에 해당하고, 이탈리아어의 '지오바니Giovanni'에 해당하는 것으로 스페인에서는 매우 흔한 이름이다. 그러기에 그의 국적에 대해서는 이견의 여지가 없는데, 돈 후안이 실존 인물을 모델로 한다는 주장의 범위도 모두 스페인 남성들을 대상으로 한다는 것이 이를 우회적으로 증명해 준다고도 볼 수 있다. 아무튼 이제 "돈 후안이 스페인 사람인가?"라는 질문은 논의의 저편에 있는 것으로 간주되고 있다. 그 이름을 포함해서 세상 모두가 다 그를 스페인화했기 때문이다.

그렇다면 돈 후안은 과연 스페인적인 인물이라고 볼 수 있을 것인가? 오르떼가 이 가셋Ortega y Gasset이나 마에스뚜, 사이드 아르메스또 등은 "요동하고 기사적이며 여기저기 다니는 스페인의 상징"이라며 돈 후안을 가장 스페인적인 인물로 부각시킨다. 반면 마라뇬은 비록 돈 후안이 사랑의 보편적인 양식으로 스페인에서 출현한 것은 분명하지만, 기본적으로 스페인적인 성격과는 거리가 먼 존재라는 결론을 내리고 있다. 돈 후안의 사랑은 스페인에서는 뿌리도 전통도 없는, 외국에서 수입된 것이라고 주장하는 것이다.

마라뇬이 볼 때, 순수하게 민족적인 양식으로서의 스페인식 사랑은 스페인 가정에 적용되는 것으로 한 여인을 대상으로 하는 일부일처주의적이며 신비주의에 닿을 만큼 엄격한 것이다. '명예'는 황금세기 스페인 드라마의 독특한 주제 중 하나였는데, 당대 스페인 남성들은 폭력과 살인까지도 불사할 정도로 명예를 숭배했다는 것이다. 그들은 필요하다면 복수와 범죄에까지도 이르는데 명예는 항상 이를 정당화해 주었다. 로뻬 데 베가와 깔데론 델 라 바르까를 위시한 동시대의 여러 극작가들의 작품에 이런 주제가 나타났고, 명예의 개념은 너무도 스페인적인 것이어서 세상에 유일한 문학양식으로 존재하게 되었던 것이다. 마라뇬은 이러한 명예를 다룬 문학이야 말로 스페인적인 것이라고 주장한다. 까스띠야13)의 토착 남성은 돈 후안이 아니고 깔데론의 유명한 주인공인 '명예로운 의사'14)로 대표되는 것으로, 그러한 스페인 남성은 명예가 직접적으로 훼손됐을 때뿐 아니라, 의심받을 때조차도 이를 방어하기 위해 물러서지 않는 류의 사람인 것이다. 마라뇬은 이 '명예로운 의사'가 돈 후안과 대척점에 존재하는 인물이라고 주장한다. 명예를 위해 모든 것을 다 거는 의사와는 달리 돈 후안에게 그것은 별로 중요치 않고 질투는 그의 사전에 존재하지도 않기 때문이다. 돈 후안이 탄생한 세비야가 속해 있는 안달루시아 지방에도 똑같은 룰이 적용된다. 안달루시아에서도 사랑은 명예의 노예이며 돈키호테식의 기사도적인 숭고한 사랑이라는 것이다. 다만 마라뇬은 안달루시아의 문화에 있는 두 가지 사랑의 형태가 돈 후안의 탄생에 영향을 준 것이 아닌가 의심하고 있다. 그 하나는 711년부터 1492년까지 근 800년 동안 이곳을 점령했던 아랍인들의 영향의 결과인 그들의 일부다처주의이다. 그리고 또 다른 하나는 안달루시아 지방에 팽배해 있는 집시문화에 영향받은 것으로, 잔인하고 비극적으로 끝나기 일쑤인 정열적인 사랑이다.

그러나 이 두 가지 요소가 돈 후안의 탄생에 영향을 주었을 수는 있으나, 오해에서 비롯된 영향이었음을 부인하기는 힘들다. 먼저, 아랍인들의 하렘으로 상징되는 일부다처주의는 부권의 온상이라고 볼 수 있으나 돈 후안에게서는 부권을 비롯한 권위에 대한 존중이 존재하지 않고, 술탄은 권력과 돈으로 여자들을 모으고 이를 공식조직화한 것이지만 돈 후안은 매우 반사회적이기 때문이다. 또 집시의 사랑도 플라멩코에서 볼 수 있는 바와 같이 대단히 종교적이며 진지한 것이기에 돈 후안의 반신앙적이고 경박한 욕망과는 대단히 큰 거리를 유지하고 있는 것이다. 따라서 돈 후안은 전형적인 스페인 남성도, 더욱이 작품의 무대인 안달루시아 지방의 남성도 아닌 것이다. 마라뇬은 그가 사랑 없는 유혹의 기술을 대도시인 마드리드나 이탈리아에서 배워왔다고 주장한다. 돈 후안은 그저 퇴폐적이고 타락한 사회의 산물인 것이다.

바람둥이인가 농락자인가?

앞에서 이미 살펴본 바와 같이 『세비야의 농락자』는 기존에 있던 전설과 민담, 그리고 역사에 크게 빚지고 있다. 그러나 이 작품의 미덕은 경박한 주인공과 '석상의 초대'를 한데 모아놓은 것 이상이다. 돈 후안이라는 독특한 인물은 전적으로 『세비야의 농락자』의 산물인 것이다. 오늘날 돈 후안이 신화가 될 수 있었던 것은 그의 매력적인 캐릭터에 기인하는데, 그것은 그가 바로 실패하지 않는 유혹자이자 농락자이며 끊임없이 욕망하는 남성성을 상징하기 때문이다.

지금까지 우리는 돈 후안을 '바람둥이'라고 부르지 않고 좀 부자연스럽지만 의도적으로 '농락자'라는 칭호를 사용해 왔다. 왜냐하면 돈 후안은 바람둥이가 아니기 때문이다. 바람둥이나 농락자나 모두 이성과의 관계가 복잡하다는 공통점이 있지만, 기본적으로 전자는 여자들을 좋아하고 후자는 그렇지 않다는 차이가 있다. 바람둥이는 여자들을 좋아할 뿐 아니라 그녀들의 육체를 정복한 후에도 지속적으로 관계를 유지하며 교제한다. 또한 그는 여러 명의 여성들과 동시에 교제할 것이다. 마다리아가Madariaga는, 여인들은 본능적으로 바람둥이를 좋아하는데 왜냐하면 그가 여자를 존중하는 방법을 알고 있음을 알기 때문이라고 했다.

돈 후안은 이런 이유 때문에 바람둥이가 되지 못한다. 그는 여인의 육체를 욕망하지만 여성을 좋아하지도 사랑하지도 않는다. 육체 이외의 여자는 돈 후안의 관심을 끌지 못하는 것이다. 그는 오히려 그녀들의 절망과 좌절을 꿈꾼다. 따라서 여체를 정복하기 전부터 돈 후안은 도망갈 준비를 하고 있는 것이다. 게다가 그는 정복당한 여인들이 남자를 구속하려 한다는 사실을 알고 있다. 구속을 혐오하고 언제나 자유인이기를 꿈꾸는 그는 그런 여인들로부터, 자신의 싸늘해진 열정으로부터 도망치는 것이다. 그 결과 그에게 정복당한 여인들은 '농락'당하는 꼴이 된다. 여자들은 그의 외모나 배경, 언변에 유혹되지만 그는 그녀들을 존중하지 않고 또 그럴 생각도 없다. 돈 후안이 농락자가 되는 것은 그가 여인을 공격하고 정복한 후에는 여지없이 버리기 때문이고, 또 그런 과정과 결과를 즐기기 때문이기도 하다. 어쩌면 그는 여성을 정복하는 것 이상으로 그녀와의 성공적인 작별을 기뻐할 것이다. 저 유명한 돈 후안의 대사는 이러한 본질을 드러내고 있다: "세비야가 큰 소리로 나를 농락자라 하는데, 내가 가장 좋아하는 건 한 여인을 농락하고 명예롭지 못한 상태로 그녀를 버려두는 것이다." 돈 후안에게 있어 섹스는 달콤한 것이지만, 농락은 더욱 멋진 것이다.

반항아 돈 후안

돈 후안에 대한 비평 중 많은 부분을 차지하고 있는 것이 그의 성격의 기본은 관능이 아니라 '반항'이라는 것이다. 장다르므 드 베보뜨는 돈 후안이 "자아의 철학, 순종의 낡은 규율에 대항해 일어선 독립적 도덕성을 대변한다"고 말하고, 드니 드 루쥬몽Denis de Rougemont은 돈 후안을 니체에 비유하며, 슈테판 츠바이크Stefan Zweig는 니체를 돈 후안에 비유한다. 마다리아가는 "돈 후안이 오를 담이 없다면, 범할 처녀성이 없다면 무엇을 하겠는가? 거역할 종교적·도덕적·사회적 법이 없다면 무엇을 할 것인가?"라는 말로 반항적인 돈 후안을 부각시키면서 "돈 후안은 신성한 법이든 인간의 법이든 그것이 법이기 때문에 모든 법을 파괴한다"고 말했다. 장다르므 드 베보뜨는 돈 후안이 고대세계에 출현하지 않은 것은 고대세계가 육체를 후원하였기 때문이라고 한다. 육체에 대한 관용이 종교적 또는 사회적 법칙에 대항한 반항을 구성하지 않았다면 돈 후안은 창조될 필요가 없었을 거라는 것이다.

그렇다면 돈 후안은 기존 사회체제에 반항하기 위해 여인들을 농락한 것일까? 우리는 그가 반항적 인물임을 부인하는 것은 아니다. 다만 어떤 것이 중심이고 어떤 것이 부수적인 것인지, 어느 것이 실체이고 어느 것이 그림자인지는 밝힐 필요가 있다는 것이다. 만일 장다르므 드 베보뜨나 마다리아가의 주장을 받아들인다면, 사회체제와 규정에 대한 도전이라는 목적의식이 없는 돈 후안의 성적 모험은 존재하지 않을 수도 있을 것이다. 그러나 이들은 여인들 앞에서 성적인 충동으로 어쩔 줄 몰라 하는 돈 후안을 의도적으로 간과했다. 이런 점에서 비평가나 학자들이 주인공의 성격을 (보다 멋진 것으로) 승화시키려는 욕망에 있어서 무죄일까를 자문한다는 만델의 지적은 적확한 것이다.

『세비야의 농락자』에서 돈 후안과 라모따의 대화를 보면, 그가 정숙한 처녀들을 농락하는 것 이외에도 매춘부들과 매우 빈번한 거래를 하고 있음을 간파할 수 있다. 돈 후안과 라모따는 세비야 거리의 여인들의 과거와 현재를 꿰고 있다. 돈 후안의 특징이 '농락'하고 '반항'하는 것이라면 이 여인들은 무엇을 위해 존재하는가? 매춘부들에게서 훼손시킬 명예가 있단 말인가? 이미 사회가 용납한 그녀들과의 관계는 무엇에 대한 반항이란 말인가?

이에 대해서 만델은 돈 후안이 신화라는 사실에 또한 주목한다. 신화는 소수의 학자들에게 난해한 즐거움을 주기 위해 존재하지 않는다. 그것은 대단히 일반적인 관심사의 표현이고 인간 본능의 표현인 것이다. 사람들에게 돈 후안이 누구냐고 물어보면 위대한 연인, 여인들을 보고 참을 수 없는 이라고 말할 것이다. 다른 것들, 즉 반항자라든지 무신론자라는 것들은 부수적인 것들일 뿐이다. 이런 점에서 우린 대중을 믿어야 하는데, 신화는 그들을 위해 그들에 대해 만들어지는 것이기 때문이다. 석상은 성적인 타락자를 벌주는 것이지 철학적이고 급진적인 정치가를 벌주는 것이 아닌 것이다.

반항자들은 이미 신화와 문학을 통해 무수히 출현했었다. 만일 반항자가 필요했다면 왜 굳이 전문적인 여자 사냥꾼을 골랐단 말인가? 반항자로서의 돈 후안은 다른 인물들에 비해 초라하고 사소하다. 그러나 관능적 인물로서는 대단한 인물인 것이다.

돈 후안은 단순한 인물이다. 띠르소의 주인공이 담백했고 이제 신화와 상징으로서의 돈 후안 역시 표상으로서 단순화되었다고 말할 수 있는 것이다. 그는 여인들 앞에서 자신의 정욕을 참을 수 없었던 자였고, 그를 위해선 수단과 방법을 가리지 않았던 마키아벨리스트였다. 여인들을 정복하기 위해 모든 수단을 동원하다보니 사회의 체제와 그 기반을 위협하게 됐고 '반항아'라는 멋진 닉네임을 부수적으로 얻게 된 것이다.

물론 소리야의 돈 후안에 있어 행동의 동인動因은 좀 다르다. 그는 여성에 대한 욕망이 아닌 돈 루이스와의 경쟁에 의해 여인을 유혹하고 정복하기 때문이다. 그래서인지 소리야의 돈 후안 떼노리오에게는 사회에 대한 반항과 관능이 등가의 가치를 가진다. 그는 가는 곳마다에서 이성을 짓밟고, 미덕을 비웃고, 정의를 조롱하고, 여인들을 속였었다고 선언하는 것이다. 그러나 일반적인 돈 후안, 이미 신화가 된 돈 후안은 어디까지나 관능으로 상징되는 농락자이다.

돈 후안은 여성을 농락함으로써 여성의 명예와 연결되어 있는 남성의 명예도 농락한 셈이 되어버렸다. 그는 여성을 정복함으로써 그녀의 약혼자나 연인의 명예도 더럽힌 것이다. 플라우트 바인렙Ruth Plaut Weinreb에 의하면, 이는 이중의 승리를 의미하는데, 여성에 대한 승리뿐 아니라 남성에 대한 승리이기도 하다. 그는 또한 거짓맹세를 통해 구두계약이 존중되는 스페인 사회에 혼란을 가져왔다. 17세기의 스페인은 남자의 명예를 건 말이 그 어떤 문서보다도 효력이 있는 사회였다. 이렇게 된 데에는 당시의 높은 문맹률과 말을 중시하는 교회 문화의 영향이 컸을 것으로 추정된다. 그렇기 때문에 돈 후안이 여성을 유혹할 때 사용하는 무기 중 하나인 거짓된 언어는 사회의 기초를 흔들어놓는 사건이 아닐 수 없었던 것이다.

행동가로서의 돈 후안은 늘 사회적인 권위에 부딪혔고 이에 대항했는데, 이는 그가 숭고한 철학이나 이상이 있어서가 아니었다. 욕망은 언제나 그 실현에 있어서 권위와 체제라는 방해물과 조우하기 마련인 법이다. 반항아 돈 후안은 그의 본질과 행동에 대한 그림자에 불과하다. 그는 어디까지나 제어할 수 없는 관능의 포로인 것이다. 그리고 사회적 권위에 대항하고 도전했다기보다는, 이를 무시하고 부인하고 싶어 했던 자라고 말할 수 있다.

희생자 돈 후안

『세비야의 농락자』에서는 돈 후안이 석상에 의해 제거됨으로써 모든 것이 안정을 취한다. 미학적 관점에서 보았을 때,

띠르소의 돈 후안을 죽음으로 몰고 간 것은 당대 유행했던 '망토와 검의 극(comedias de capa y espada)'의 시적詩的 정의正義였다. 이 장르의 극에서는 불법적인 사랑이 유혹자의 죽음으로 종결되었던 것이다. 황금세기의 이러한 미학은 결코 부도덕한 일을 용납하지 않았는데, 기본적으로 스페인의 바로크 연극은 보수적 이념의 운반책 역할을 했고 권력자들에게 봉사했으며 체제유지에 기여하는 도구로 사용되었기 때문이다.

돈 후안의 죽음과 연결된 이러한 시적 정의의 문제는 회개하려는 돈 후안의 회개를 거부한 석상의 존재에 대해서도 의문을 품게 만든다. 그가 신의 대리자였다면 기독교적 세계관과 구원관에 입각하여 돈 후안의 회개를 받아들였어야만 했던 것이다. 그러나 그는 이를 거부하고 돈 후안을 죽게 했다. 더욱이 마지막 순간에 석상은 돈 후안과 함께 불에 타 땅속으로 꺼져 들어갔다. 때문에 돈 후안뿐 아니라 석상까지도 지옥불의 희생자가 된 것으로 해석할 수 있다. 그렇다면 그는 누구인가? 석상은 신의 메신저가 아니라 사회의 대변자, 그 사회의 환영의 산물인 것이다. 그리고 석상의 복수는 사회의 체제를 유지하려는 사회 고유의 승화된 욕망으로 해석할 수 있다

17세기 스페인의 '망토와 검의 극'을 통해 알려진 명예의 법칙에 의하면, 순결을 잃은 이사벨라와 아르민따는 순조로운 결혼을 하여 가정을 꾸릴 것이 아니라 수녀원에 보내졌어야 했다. 그러나 까딸리논이 돈 후안의 사망소식을 전하자 그토록 명예를 소중히 여기던 바뜨리시오마저도 아무런 거리낌 없

이 아르민따와의 결혼을 계획하는 등, 돈 후안의 피해자들은 당대를 지배하던 명예에 대한 엄격한 기준을 무시한 채 각자의 짝을 찾아 결혼식을 올리기로 한다. 『세비야의 농락자』는 돈 후안의 죽음을 제외하곤 당시의 상식에 크게 위배되는 결말을 무리하게 이끌어낸 작품인 것이다. 결국 귀족은 귀족과 결혼하고 평민은 평민과 결혼함으로써 돈 후안에 의해 위협받았던 동종계급 간의 결혼제도와 위계질서가 회복된다. 이로써 『세비야의 농락자』는 체제유지에 봉사하는 역할을 한 것으로 볼 수 있고, 돈 후안은 '신성모독자'로서가 아닌 '농락자'로 죽음으로써 작품의 결말은 단순히 여성의 순결과 명예를 지키는 것을 목적으로 하는 듯이 보인다.

그러나 모리스 몰로는 이런 결말의 뒤에 트렌토 종교회의에서 결정된 이데올로기를 확산·전파하려는 의도가 계획돼 있다고 본다. 트렌토 종교회의에서는 결혼 성사의 여부를 당사자들의 자유의사보다는 아버지의 권한으로 돌렸던 것이다. 따라서 여자는 아버지의 소유물에서 남편의 소유물로 이전되고 사회는 여전히 남성위주로 움직이게 되었다. 따라서 『세비야의 농락자』는 당사자들의 자유의사에 의한 결혼약속은 부정적인 결과를 낳도록 조작돼 있다는 것이다. 또한 몰로는 돈 후안 신화가 곧 일부일처제의 기원에 다름 아니라고 한다. 결국 『세비야의 농락자』가 대표하는 돈 후안 신화는 욕망과 안정된 기독교 사회 수립의 필요 사이에 있는 대립을 명백하게 드러낸다고 할 수 있다. 제임스 만드렐James Mandrell은 레비-스트로스의 용어를 빌어 이를 사회 내에서의 투쟁이 변증법적으로 해결되는 과정이라고 설명한다.

그리하여 돈 후안은 의도하지 않게 사회에 대한 속죄적 죽음과 성스러운 중재의 화신이 된다. 그리고 다시 한 번 말하지만, 돈 후안만큼이나 행실이 좋지 않은 라모따 후작이 순결한 도냐 아나와 결혼하게 된 것을 보면 『세비야의 농락자』의 사회는 정의가 지배하고 도덕이 세워지는 사회가 아닌 것이다. 이런 맥락에서 돈 후안은 결혼제도와 사회계급, 일부일처제, 가부장적 이데올로기 등 기존 사회제도와 체제유지를 위해 희생당한 희생양으로 해석될 수 있다.

그러나 몰리에르와 모차르트의 작품으로 대변되는 다른 작품들은 띠르소의 이러한 결말과 차이를 보인다. 많은 작품이 돈 후안에 대한 징벌과 죽음만으로 끝을 맺고 있는 것이다. 브로디Jules Brody에 의하면, 이러한 돈 후안은 저주받으면서도 모순에 찬 인간의 기본제도를 방해하는 데 성공하고 있으며, 신만이 그의 자유를 저지시킬 수 있다는 것을 보여준다 또 그 때문에 주인공의 죽음 이후에 사회가 수습되는 장면이 없는 돈 후안 설화는, 희생자가 아닌 체세에 대한 반항아로서의 돈 후안의 승리에 대한 가능성을 더욱 열어놓는 것이다.

기독교인 돈 후안: 구원의 문제

『세비야의 농락자』 이전의 전설과 민담에서 주인공이 죽거나 죽을 뻔한 이유는 교회나 영적인 세계를 모독한 것에 기인하였다. 이러한 영향 때문인지 띠르소는 돈 후안을 불경한 신성모독자로 만들었고 또 심판에 이르게 하지만 신을 부인하는 자로 만들지 않기 위해 주의했다. 까딸리논이 경고할 때마다 입버릇처럼 말하는 "회개할 시간은 (내게) 넘치도록 충분하다네"라는 말은 그가 기독교적 세계관을 부인하지 않음을 보여준다.

이렇게 그는 신앙의 테두리 안에 있었지만, 보다 구체적으로는 인간이 자신의 의지에서 나오는 행위에 따라 구원받을 수 있다는 가톨릭적 세계관이 아니라, 구원과 운명이 이미 결정돼 있다는 프로테스탄트적 예정론에 경도된 자였던 것이다. 따라서 『세비야의 농락자』에서의 돈 후안의 죽음은 종교개혁 이후 스페인 사회체제에 위협이 됐던 프로테스탄티즘을 경계하려는 정치적·종교적 의도도 내포돼 있는 것으로 해석할 수 있다. 아무튼 띠르소의 돈 후안은 이생의 삶을 부인한 것이 아니고 쾌락주의자로서 그런 생각 자체를 꺼렸던 것이다. 아마도 17세기의 스페인 사람을 무교도로 만드는 것은 거의 상상할 수 없었을 것이고, 그 때문에 돈 후안을 무신론자로 만드는 것이 문학의 핍진성에 위배되는 것이었기 때문인지도 모른다. 그렇기에 낭만주의 시대에 출현한 소리야의 돈 후안은 무신론자일 수 있었고, 그의 패륜은 기독교도로서 신의 인내를 시험한 것이 아닌 기독교적 철학과 가치관의 부재에서 나온 행위가 될 수 있었다. 따라서 띠르소의 돈 후안이 구원받지 못하고 죽음을 당하는 대신 소리야의 주인공이 구원받는 대표적인 돈 후안이 된 것은 간과할 만한 문제가 아닌 것이다. 소리야의 돈 후안은 비록 가톨릭교도는 아니었지만, 그는 몰리에르나 보들레르의 인물처럼 신에 대한 인간의 반항을 재현하는 자도 아니다. 그는 언제나 회개하고 구원을 얻을 준비가 되어있는 가톨릭적 의식의 인물이다. 더욱이 그의 두드러진 면모는 성모 마리아를 상징하는 듯한 도냐 이네스와 진실한 사랑에 빠지는 것이다. 기독교의 중심교리는 사랑이다. 그리고 이 사랑으로 인해 그는 구원을 받는다.

몰리에르나 다 폰테(모짜르트)의 돈 후안 역시 무신론자였다. 프랑스의 돈 후안은 볼테르의 후계자이자 백과사전파의 선배로서 신의 존재를 믿지 않는 자였다. 몰리에르에게는 띠르소에서처럼 신앙이 있으면서 믿음이 없는 듯 행동하는 것이 터무니없어 보였고, 이런 모순을 없애기 위해 돈 후안에게서 신앙을 빼앗아가 버렸다. 따라서 몰리에르의 돈 후안은 회개할 생각을 하지 않았고, 그 결과 구원받지 못한 것이다. 다 폰테의 논 후안(돈 지오반니)은 띠르소의 주인공과 반대되는 최후를 맞이한다. 즉, 띠르소의 돈 후안이 석상에게 회개할 시간을 요구하다가 거절당해 죽는 반면, 다 폰테의 돈 지오반니는 오히려 죽기 직전 회개를 권하는 석상에게 자신의 본성을 고백하며 이를 거부하여 구원받지 못한다. 결국 스페인 문학의 돈 후안은 기독교도이거나 기독교도가 될 준비가 되어 있는 인물이지만, 이후 많은 돈 후안들은 그렇지 않은 것이다.

소리야의 구원받은 돈 후안을 재조명하면, 그는 구원을 얻는 대신 자신의 정체성을 잃었다고 할 수 있다. 그는 도냐 이네스를 진심으로 사랑하게 되고 또 그녀로 인해 구원을 얻게 되는데, 이렇게 사랑에 빠지는 돈 후안, 사랑과 선함에 설득되는 돈 후안은 '농락자'로서의 정체성과 매력을 상실하는 것이다. 사랑에 빠지는 순간 그는 왜곡된 가짜 돈 후안이 된다. 구원받을 수 없는 운명에 처한 돈 후안, 끝까지 악의 화신으로 남는 돈 후안이 보다 진정한 돈 후안이다.

돈 후안의 성: 남성성의 상징인가 여성성의 가면인가

마다리아가는 돈 후안을 스페인에서 탄생한 남성성의 위대한 상징으로 표현하고, 오르떼가 이 가셋은 남자다움과 남성성의 모범으로 평가한다. 여성이 동경하고 모든 여성을 함락시킬 수 있는 매력과 능력을 겸비했다는 의미에서 이런 주장은 아무런 이의제기 없이 받아들여질 만한 것으로 여겨진다.

반면 마라뇬은 문학적 환영만이 돈 후안을 남성성의 전형으로 받아들인다고 주장한다. 돈 후안은 한 여인에 머무르지 않고 이 여자 저 여자를 쫓아다니는데, 이는 그 어느 여자도 돈 후안을 만족시키지 않아서가 아니라 돈 후안이 모든 여자에게 만족하기 때문이라는 것이다. 그러나 모름지기 완벽한 남성이라면 사랑의 대상을 구별해낸다고 마라뇬은 덧붙인다. 완벽한 남성의 사랑은 보통 일부일처주의적이거나 적은 수의 여자들만 좋아하는데 그 여자들은 보통 비슷하기 마련이라는 것이다. 그러나 돈 후안은 일정한 스타일의 여인을 사랑할 수 없다. 섹스로서의 여성만을 모색하는 그에게 여성은 섹스를 위한 중개물일 뿐이다. 그리하여 그의 태도는 청소년의 그것과 구별되지 않은 것이고 또 모든 수컷동물의 태도이기도 하다.[15]

또한 비록 설득력은 떨어지지만, 돈 후안의 체격이 그의 의심스런 남성성을 확인해 준다고 마라뇬은 주장한다. 유혹자의 모델로 여겨지는 돈 미겔 데 마냐라의 초상은 예쁜 여자처럼 그려져 있고, 저 유명한 카사노바도 여성의 섬세함과 완벽함을 지니고 있으며, 우리가 실제 생활에서 만나는 대부분의 돈 후안들도 남성적 스타일의 정력적이고 털이 많은 타입과는 거리가 멀다는 것이다. 대단한 사랑의 능력을 부여받은 남자들에 맞는 외모는 키가 작고, 다리는 짧고, 구렛나루와 잔털이 난 거친 피부에, 비난받을 만한 외모적 특징을 한, 보통은 반미학적인 것이라고 마라뇬은 주장한다. 결국, 살롱이나 무대에서 보이는 것과 같은 홀쭉하고 우아하며 피부가 곱고 웨이브진 머릿결에 수염이 나지 않거나 깔끔한 턱수염을 지닌 돈 후안과는 전혀 비슷하지 않으며, 의복에 대한 그의 섬세한 주의와 그 화려한 과장적 표현은 돈 후안의 외모 안에 있는 남성적인 것의 불명확힘을 더해주는 것이라고 한다. 또한, 여자에 의해 거절당했을 때 상처받지 않는 돈 후안의 능력도 그의 남성성을 부인한다고 주장한다. 우리는 여성에 의해 버려지거나 배신당함으로써 의식 깊은 곳에서 화가 나거나 슬퍼하는 돈 후안은 전혀 알려져 있지 않다는 사실을 주시해야 한다는 것이다. 그는 질투에 접근하는 것이 불가능한 인간형이다. 일단 여인을 정복한 돈 후안에게 중요한 것은 그녀를 버리고 다음 정복에 그녀가 방해되지 않도록 하는 것이다. 만일 다른 남자가 그 여인과 사랑에 빠진다면, 많을수록 그리고 빠를수록 좋다. 돈 후안은 욕망의 대상이 되는 여인을 소유하기 이전에만 라이벌을 가지기 때문이다. 일단 여인이 소유되면 그에게 라이벌은 더 이상 존재하지 않는다.

돈 후안의 본능의 또 다른 고유한 특징은 연애성공에 대한 파렴치하고 의도적인 과시욕이다. 그는 청소년들이 그렇듯, 그런 성공을 과장하거나 지어내기까지 한다. 그러나 위대한 사랑의 피할 수 없는 조건은 미스터리라고 마라뇬은 주장한다. 미스터리 내에서만 진정한 열정이 성장한다는 것이다. 남녀 사이에 일어나는 진정 깊이 있는 것들은 다른 이들에게 거의 알려지지 않는다. 그렇기 때문에 인간은 사랑에 대해 그토록 아는 것이 없는지도 모른다. 그러나 돈 후안은 자신이 여성을 정복한 것을 광장에서 모든 이들에게 떠벌린다. 부분적인 이유이지만, 그의 천박한 본능이 자신의 승리를 보여주려는 사악한 만족을 즐기기 때문이다. 그러나 또한 스캔들이 그의 새로운 모험을 위한 최고의 무기이기 때문이기도 하다.

마라뇬에게는 이 모든 특징들이 돈 후안의 사랑과 동물들의 분화되지 않은 사랑 사이의 근접성, 돈 후안의 사랑과 청소년의 사랑 또는 남녀양성자의 사랑 사이의 근접성을 보여주는 증거들이다. 한마디로, 돈 후안의 사랑은 진정한 남성의 감춰지고 구별된 위대한 사랑과는 거리가 멀다는 것이다.

이렇게 마라뇬은 돈 후안에게서 미숙한 청소년들의 본능을 발견한다. 그의 주장은 돈 후안이 동성애자에 가깝다는 결론을 내는 것으로 오해되기까지 하고 있지만, 그가 진정으로 주장하는 것은 최소한 돈 후안이 '완벽한 남성'은 아니라는 것이며 장다르므 드 베보뜨처럼 그의 기가 막힌 성적 능력에 초점을 맞춰서는 곤란하다는 것이다.

결론적으로 마라뇬은 돈 후안이, 일반직으로 생각되는 것처럼, 남성성의 전형이 아니고, 그 반대로 그에게서는 사춘기 소년들의 특징인 남녀혼성성(intersexualidad)이 발견된다는 것이다. 즉, 성性이 분화되지 않은 것이다. 돈 후안은 동성애자는 아니지만 여기에서 그의 여성성이 제기된다.

돈 후안은 남성들의 우상이요 이상일 수 있다. 그러나 이 말이 반드시 그가 이상적인 남성임을 의미하는 것은 아닌 것이다.

돈 후안의 심리학

돈 후안 증후군

만나는 모든 여자들에게서 성욕을 느낄 만큼 끊임없는 욕구를 가지고 있는 돈 후안은 확실히 기형적인 인물이라고 아니할 수 없다. 이렇게 돈 후안처럼 성욕이 과다하여 스스로의 성 행동을 통제할 수 없거나 또는 일반인들의 기대 이상으로 성 행동을 강박적으로 추구하는 사람들이 있는데, 남성의 경우는 이를 '음란증(satyriasis)' 또는 '돈 후안이즘Don Juanism'을 가지고 있다고 하며, 여성인 경우는 '님포매니악nymphomaniac' 이라고 한다. 돈 후안의 행동양식은 이제 성심리학에서 극도로 단순화되어 음란증의 동의어로 사용되면서 단지 쾌락을 위해 여러 여성들을 성적으로 정복하려는 남자들에게 적용되는 것이다. 아무튼 사랑이 없는 성관계, 인간관계를 고려하지 않고 섹스에만 관심을 가지는 남성을 오늘날 돈 후안이라고 부르고, 그러한 남성들의 특성을 '돈 후안 증후군(Don Juan Snydrome)'이라고 한다. 또한 돈 후안은 남자색정광 또는 성중독자의 의미로도 사용된다.

다소 도식화된 경향도 없지 않으나 우리는 이러한 과다성욕, 음란증 같은 용어들이 돈 후안을 잘 표현해 주고, 또 그의 행동의 주된 동인(動因)이라고 평가한다. 윌리엄 리틀은 돈 후안이라는 신화적 인물에게 있어 여인을 유혹하고 사랑하는 행위는 단순히 성적인 면만 가지고 있는 것이 아니라고, 그것은 정신적·형이상학적 이유를 가지고 있으며 신에 대한 반항 그리고 사회제도에 대한 조롱까지도 담겨 있다고 주장한다. 그러나 이미 말한 바와 같이, 돈 후안의 일차적인 욕구는 성욕의 충족이고 이와 함께 유혹의 과정도 즐기는 것이다. 이와 같이 몇몇 연구들은 돈 후안에게서 여인들을 향한 욕구를 제거하거나 그에 대한 주제를 철학화시키려는 경향을 보이는 것도 사실이다. 그러나 욕구가 없는 돈 후안은 돈 후안이 아니나. 그의 본질은 끊임없는 여성에의 추구인 것이다. 아마도 돈 후안이 가장 담백한 신화가 되어버린 분야 중 하나가 '돈 후안 증후군'이란 용어를 만들어낸 심리학일 것이다.

오이디푸스 콤플렉스

윤가현은 강박적으로 무질서한 성생활을 추구하는 남성들의 동기를 무의식적 근친상간의 욕망, 아동기 때 겪었던 색정의 기억 그리고 여성을 증오하는 심리 등의 세 가지로 분류한다. 우리는 돈 후안의 유년기나 아동기에 대해서는 아는 바가 없고 또 알 수도 없기에, 두 번째 동기에 대해서는 왈가왈부하기 어렵다. 그러나 '무의식적 근친상간의 욕망'이 의미하는 오이디푸스 콤플렉스와 여성에 대한 증오심리가 원인이라는 주장은 돈 후안의 행위에 적용가능한 것으로 볼 수 있다.

여성에 대한 증오심리가 있는 이들은 모든 여성들이 사악하다는 것을 입증하기 위한 노력으로, 또는 남성의 우월감을 입증하기 위하여 여성들을 성적으로 정복하려고 힘쓴다. 소위 성중독자들은 여성을 강박적으로 유혹하면서 성적인 만족을 얻는다고 한다. 그렇지만 그들이 얻은 만족은 순간적으로 끝나버리기 때문에 그러한 시도는 계속 반복되는 것이다. 또한 그들의 내적인 긴장은 성욕과 전혀 관계가 없으며 오히려 적개심의 표현이나 우월감의 성취에서 만족을 느낀다. 하지만 왜 돈 후안이 여성을 증오하게 됐는지 그 원인을 밝혀내는 데에는 한계가 있다. 여성은 언제나 돈 후안의 피해자이지 가해자가 아니기 때문이다.

반면 오이디푸스 콤플렉스는 상대적으로 설득력 있는 이해를 제공해 준다. 오토 페니첼Otto Fenichel은 돈 후안의 행위가 그의 오이디푸스 콤플렉스에 기인한다면서, 돈 후안은 모든 여인에게서 자신의 어머니를 모색하지만 어머니를 발견하는 데는 실패한다고 했다. 오토 랑크 역시 돈 후안이 늘 새롭게 바꿔놓는 많은 여인들은 하나의 대체 불가능한 어머니를 대표한다고 설명한다.

아이에게 어머니는 첫사랑의 대상이면서 아이가 자기 자신만의 것이라고 여기는 사랑의 대상이다. 그러나 아이는 그 사랑을 아버지와 나누어야 함을 알게 되고 아버지를 거부하게 된다. 이런 상황의 일반적인 해결은 아이가 어머니에 대해 느꼈던 에로틱한 감정을 사랑으로 바꾸고, 아버지에 대한 애정을 시작하여 나중에 아버지와 동일화되는 것이다. 그러나 이런 완전한 해결이 언제나 이뤄지는 건 아니다. 아주 빈번하게 어머니에 대한 에로틱한 주시는 지속되어 어머니에게 너무 지나치게 의존할 수 있는데, 이것이 이후 여자들과의 관계에 투영되어 그녀들에게서 어머니를 모색하는 것이다.

그러나 오이디푸스 콤플렉스를 다르게 설명할 수도 있다. 즉, 사춘기에 이르면서 성적 본능은 '사랑의 경향'이라는 새롭고 중요한 것을 얻는데, 이는 유년기에서부터 지속되어온 것으로 실제 성생활을 나눌 사람들을 향해 다시 출현하는 것이다. 만일 처음의 오이디푸스적 상황이 해결되지 않으면 개인의 두 가지 성향 즉, 사랑의 경향과 관능의 경향이 나뉘어져 이상적 또는 성스런 사랑과 동물적인 사랑의 두 가지 방향으로 나뉘어 지속될 수 있다. 그리하여 한 여인을 사랑하면 그녀를 욕망하지 않고, 그녀를 욕망하면 그녀를 사랑할 수 없게 된다. 그는 자기 애정을 사랑하는 이에게 줄 목적으로 존중할 필요없는 여인들을 모색한다. 존중하지 않는 이들과만 성적인 환희를 경험할 수 있기 때문에, 이 모든 것은 성적 대상의 심리적 퇴화로 이끌어진다. 그러한 여인들을 통해 그의 성적 능력은 발전한다. 비록 그의 애정은 더 숭고한 타입의 다른 여인들에게 속해 있으면서도 말이다. 일반적으로 사랑과 관능이 융화되지 않는 사람들은 삶의 만족을 얻는 데 무능하고 도달할 수 없는 것을 찾아다닌다. 이는 우리가 몇몇 인물들에서 보아온 자극에 대한 갈망, 사랑에 있어서의 비지속성非持續性을 설명해 준다.

이런 모든 것에 돈 후안이즘의 근원이 있을 것이다. 오토 페니첼이나 오토 랑크의 말대로 돈 후안이 숱한 여인들에게서 어머니를 찾는 것인지, 아니면 여성에 대한 증오 때문에 여인들을 농락하는지를 증명하기는 힘들어 보인다. 그러나 수많은 돈 후안 설화에 돈 후안의 아버지는 등장하지만, 그의 어머니는 부재한다는 점이 어떤 형태로든 그의 오이디푸스 콤플렉스와 그의 행위가 연결되어 있음을 암시한다. 융Jung은 이를 '어머니 콤플렉스'란 용어로 설명하는데 어머니 콤플렉스를 가지고 있는 남자에게서는 동성애, 돈 후안이즘 또는 임포텐스 등의 결과가 나타난다고 한다. 그리고 돈 후안이즘의 영향으로 이들은 만나는 모든 여자들에게서 어머니를 찾는다고 하였다.

나르시시스트 돈 후안

유아기의 어머니와의 관계 속에서 아이는 나르시시즘에 빠진다. 이를 '원초적 나르시시즘'이라고 하는데, 자기가 바라보는 어머니의 존재를 아이는 자기의 존재로 생각하여 모든 사랑의 능력을 자기 자신에게로 향하게 하는 자기애에 사로잡히는 것이다. 이러한 나르시시즘은 돈 후안 캐릭터의 부분을 형성한다. 그리고 자신이 아닌 누군가를 향한 사랑의 경험을 불가능하게 한다. 나르시시즘은 다른 이들을 향해 적절하게 옮겨가야 하는 것이지만, 성숙하지 못한 성인은 원초적 나르시시즘에서 벗어나지 못하고 자기가 자신의 이상이었던 유년기의 성격을 계속해서 유지한다. 타인을 사랑하는 것이 불가능하고 또 어떠한 만족도 포기하지 못하는 돈 후안은 이런 원초적 나르시시즘에서 벗어나지 못한 자로 해석될 수 있다.

유년기에 발생하는 심리적 사건들은 억제된 내부적 충동과 외부 세계의 자극에 대항하는 방어막을 형성하는 성격을 형성해 준다. 라이히W. Reich는 이러한 성격을 분류했는데, 그중 음경나르시시스트의 많은 부분이 돈 후안의 기질과 일치한다. 이런 성격의 개인들은 거만하고 정력적이며 거의 항상 지배적 태도를 지니고 있다. 그의 행위는 거만하고 공격적이고 사랑에 있어서 지배적이고 자기도취적인데, 가끔 위상된 새디즘적 면모들을 가지고 있기도 한 것이다. 또한 이런 나르시시즘은 자신을 지나치게 신뢰하고 우월감의 과시로 드러나는데, 돈 후안이 입버릇처럼 말하는 "회개할 시간은 넘치도록 충분하다네"라는 말은 신에 대해서까지 스스로에 대한 자신감과 우월감을 내포하는 말이다.

이런 나르시시스트의 또 다른 특징이 지나친 경쟁심을 갖는다는 것인데, 행위의 주체자는 자신이 하는 행동의 내용 자체가 아닌 그것을 통해 성취할 권위와 명성에만 관심을 갖고 다른 이들과 비교하게 된다. 지나친 경우에는 자신이 유일하고 예외적인 존재가 되려는 열망으로 자신을 둘러싼 모든 것과 끊임없이 비교하는 것이다. 또한 타인의 승리에 대해 참을 수 없는 지나친 경쟁심으로 인한 적개심이 남다른 것도 이들의 특징이다.

이런 경쟁심과 적개심은 『돈 후안 떼노리오』의 주인공에게서 잘 예시되어 있다. 소리야의 돈 후안 떼노리오의 유혹의 동기는 경쟁자인 돈 루이스와의 내기와 그에 대한 적개심으로 표현되어져 있기 때문이다.

이러한 심리분석의 입장에서 볼 때 결국 돈 후안이 여인을 사랑하지 못한 것은, 자기 자신과 타인 사이에 존재하는 강을 건너지 못한 것으로 평가할 수 있다. 그는 타인을 사랑하기에는 너무도 자기 자신을 사랑했던 것이다.

불안정한 자아 & 허약한 초자아

아들러Adler 학파의 올리버 브라하펠트F. Oliver Brachfeld는 여성에 대한 돈 후안의 행동을 열등감의 탓으로 돌린다. 그의 말에 의하면 소심한 아미엘Amiel이나 대담한 돈 후안이나 모두 여성 파트너를 발견할 수 없는 불안정한 자아라는 같은 문제를 지니고 있다. 소심한 남자에 비해 돈 후안에게는 자신의 약점에 대해 과다한 보상심리가 작용하는 것만이 다르다. 신경증 및 정신질환 전문가인 라포라Gonzalo R. Lafora는 돈 후안에게서 히스테리의 증세를 발견했는데, 그의 거짓말하는 성향, 과장, 자기중심주의, 사소한 일에도 폭력적인 심리적 반응을 보이는 예민함, 엄격한 예절의식, 그리고 지적인 능력보다 감정적이고 정서적이며 성적인 능력이 지나치게 탁월하다는 사실 등이 이런 진단의 증거가 된다.

라포라는 무엇이 돈 후안으로 하여금 여성들에게 그토록 불만족스러워하며 변덕을 부리게 하는 감춰진 병인지를 두 가지 이론으로 설명하려고 시도했다. 먼저, 최초의 성경험이 한 사람의 성욕에 미치는 지속적인 영향에 대해 말할 수 있다. 이 이론에 의하면 돈 후안은 청년기 초기에 사랑의 묘수를 잘 알고 있는 여인에 의해 황홀한 경험을 시작했는데, 이 여인은 그녀의 깃과 같은 사랑에 대한 결코 충족될 수 없는 갈망만을 돈 후안에게 남겨놓은 채 죽은 것으로 가정할 수 있는 것이다.16) 두 번째 이론은 매우 변덕스러우면서 만족하지 않는 히스테리 환자로서의 돈 후안을 보는 것이다. 라포라에 의하면 이런 심리상태는 사람으로 하여금 지속적으로 새로운 흥분을 모색하도록 한다면서, 그런 사람을 망가지고 싫증난 장난감을 다른 것으로 대체하는 어린아이들에 비유하고 있다.

　인간은 기본적으로 사회화에 의해 죄라는 것을 알게 된다. 인간은 자신의 기본적인 충동에 따라 행동하면 처벌을 받거나 애정을 상실하게 된다는 것을 알게 되는 것이다. 이런 인식이 우리 자신의 본능적 쾌락을 재고하게 하며, 점차 자신의 본능적인 행동 경향성을 두려워하게 하는데, 이때 초자아(superego)가 인간 행동을 조정한다. 그러나 정신병 환자는 초자아의 발달이 심하게 지체된 자로서 그 사회의 규칙과 전통을 따르지 않게 된다. 또 그들은 타인의 감정이나 욕구도 고려하지 않는다. 그들의 행동은 결과를 생각하지 않는 충동적인 행동이며, 자기 충족적인 행위이다. 그들은 타인에게 심각한 손상을 주는 경우에도 불안이나 죄의식을 거의 느끼지 않는다.

　이런 정신병질적 성격의 발달에 대한 정신분석이론의 설명에서는 부모의 사랑이 결핍되었음을 강조한다. 이미 언급한 바와 같이, 돈 후안 설화에는 그의 어머니가 부재한다. 돈 후안의 정신분석에 있어 그의 초자아는 발달되지 못한 것이 틀림없는데, 이는 아마도 부모의 사랑의 결핍으로 설명될지도 모르겠다.

글을 마치며

　여전히 많은 남성들이 여인을 정복하는 돈 후안의 능력과 성취를 부러워하고, 더 많은 여성들은 그를 경계하면서도 유혹의 희생자가 되고 있다. 마에스뚜는 모든, 또는 거의 모든 스페인 남성들은 사랑에 있어서 돈 후안의 행운에 도달하기를 바란다고 했다. 그의 언급은 단지 스페인 남성에만 국한되는 것이 아니리라. 그럴 수도 있을 것이다. 만일 돈 후안이 아름다운 여인들을 정복하는 매력적이고 에너지가 충만한 존재로만 파악된다면 말이다(그런 의미에서 '오페라의 유령'이 준비하던 오페라의 제목이 『승리의 돈 후안』이라는 것은 의미심장하다). 그러나 돈 후안은 결코 행복하지 않았다. 돈 후안이 모든 여자에게 만족하기에 한 여인에 머무르지 않았다는 주장은 너무도

시적인 해석이요 공허한 것이다. 그는 자신이 농락했던 그 많은 여인들 가운데 이상적인 여인을 만날 수 없었다. 돈 후안에게 이상적인 여인이란 늘 아직 정복되지 않은, 앞으로 정복해야 할 여인이었기에, 그들은 존재하지 않는 유토피아이거나 순간으로만 존재했다. 그는 섹스에 있어서는 언제나 초인이었으나 사랑에 있어서는 늘 운명적인 불구였던 것이다. 결국 그는 다리를 건너다 박명薄明 속에서 붉은 옷을 입고 있는 베아트리체를 만나도 단테가 될 수 없었고, 어느 축제에서 줄리엣을 보았어도 로미오가 될 수 없었다. 하물며 상상 속의 둘씨네아로 인해 행복했던 돈키호테를 그가 이해할 수 있었을까? 그것이 그의 운명이었다. 그 때문에 그가 진정한 영웅이요 신화가 됐는지도 모르는 일이다. 찬란했지만 결코 행복하지 않았던 선조들처럼. 그는 어느 바닷가 소도시의 우체통에 편지를 넣으며 느끼는 시인의 행복을 상상할 수 없었으리라. 숱한 여인들의 갈망의 대상이었으나 그녀들을 사랑할 수 없었던 그는, 사랑하는 것은 사랑을 받느니보다 행복하다는, 사랑하였으므로 진정 행복하였다는 그 진리에 공감할 수 없었으리라. 그리하여 결코 행복할 수 없었던 그는 또 다시 사냥감을 찾아 상처를 내고 그녀들의 희망을 유린하며 스스로는 더욱 절망했을 것이다.

　돈 후안은 모든 남성들의 내적인 꿈을 상상적으로 이뤄냈을지 모른다. 남자들이 원하는 것이 모든 에덴과 모든 동굴들을 탐험하고 점령하기 위해 필요한 고갈되지 않는 힘, 그 승리

의 에너지라면 말이다. 그러나 그는 결코 닮고 싶지 않은 영웅
이요, 더 높이 오를 수 없는 불행한 신화인 것이다.

1) 이 작품은 보통 『세비야의 난봉꾼』 또는 『세비야의 바람둥이』라는 제목으로 언급되고 있다. 또한 현재까지의 한국어 번역은 『세빌랴의 난봉꾼 돌부처에 맞아죽다』(울산대학교 출판부, 1995)와 『세비야의 난봉꾼과 석상의 초대』(서쪽나라, 2002)가 있는데, 번역본 중 전자는 주인공의 최후에 대한 왜곡된 암시로 인해 지나친 의역으로 판단되고, 후자에 있어서는 '석상의 초대'보다는 '초대받은 석상'이라고 하는 것이 보다 원제에 충실한 번역이라 여겨진다. 또한 번역에 있어서 문제가 되는 것은 'burlador'라는 원어표현인데 이는 '바람둥이'라든가 '난봉꾼'으로 번역해도 무방한 듯하다. 그러나 주인공 돈 후안의 목적이 '여인을 욕망하는 것'과 이러한 행위 이후에 '여인을 명예스럽지 못한 상태에서 버리는 것'을 포함한다고 작품이 밝히고 있고 또 이런 점이 인물로서 돈 후안의 개성이자 독특함이기에 현대어의 기준으로는 조금 어색하지만 사전적인 의미의 '농락자'라고 번역하는 것이 좋다고 판단하였다(이에 대해서는 뒷부분에서 다시 다룰 것이다). 따라서 이 책에서는 이 작품을 이하 『세비야의 농락자』라 칭하기로 하겠다. 참고로 이 작품에 대한 영역은 『세비야의 사기꾼과 초대받은 석상*The Trickster of Seville and the Stone Guest*』, 『세비야의 사기꾼과 그의 초대받은 석상*The Trickster of Seville and his Guest of Stone*』 또는 『세비야의 바람둥이*The Playboy of Seville*』 등으로 번역되어 있음을 밝힌다.

2) "회개할 시간은 넘치도록 충분하다네"는 『세비야의 농락자』에서 주인공 돈 후안이 자신의 악행을 경고하는 시종 까딸리논Catalinón에게 입버릇처럼 대꾸하는 말이다. 한편 이 작품은 『세비야의 농락자』와 80% 정도 내용의 일치를 보고 있는데 거의 모든 의심스런 부분에 있어서는 상대적으로 더 낫다고 평가받고 있기도 하고, 『세비야의 농락자』보다 질적으로 떨어지는 개작改作이라는 의견도 있다.

3) 한편 테르 호스트는 라모따 후작이 말한 창녀들이 사는 곳의 이름이 '리스본'이었다고 한다. 작자는 돈 후안과 라모따가

재미를 보는 세비야의 구역 이름과 실제 리스본의 이름을 일치시킴으로써 이 두 도시를 강하게 대비시키고 있는 것이다.

4) 17세기의 마드리드 관객들은 왕궁에서는 왕의 가족과 호위대만이 잠을 잔다는 사실을 알고 있었다. 그러나 『세비야의 농락자』가 씌어진 펠리뻬 4세의 왕궁은 음란했다. 경건한 이사벨 왕비는 왕궁의 문화를 쇄신하려는 목적으로 많은 대신들을 왕에게 고발하도록 했는데, 그들은 왕궁의 정원과 복도에서 애인들을 숨어서 기다리곤 했었다. 따라서 왕궁에서의 이사벨라의 행위는 현실에 대한 또 다른 반영이다.

5) 레브리하는 세비야 근교에 위치한 곳이기에, 그곳으로의 유배는 대단히 가벼운 형벌임에 틀림없을 것이다.

6) 띠스베아 역시 돈 후안에게 맹세를 시키지만 그녀의 경우에는 자기의 아름다움을 두고 맹세하는 것에 만족한다. 띠스베아는 거만하고 이기적인 여인이다. 그러나 이런 띠스베아도 궁중의 여인들과 비교할 때는 덕스런 여인이다. 이 두 시골 여인들은 돈 후안에게 속지만 결혼을 전제로 하여 농락당하는 것이다. 그러나 왕궁과 도시에 있는 여인들(이사벨라와 도냐 아나)은 아무런 약속도 없이 애인을 받아들일 준비가 되어있다.

7) 알룸브라도alumbrado 또는 일루미나토illuminato로도 불리는 광명종파는 당대 사회문제가 되어 종교재판소의 표적이 되었다.

8) 돈 후안을 용기 있는 자라고 평가하는 이들도 있으나, 바레이는 돈 곤살로가 돈 후안을 '겁쟁이'라고 부른 것에 주목해야 한다면서 다음과 같이 말한다. "돈 후안은 스스로를 용감하다고 생각한다. 그러나 작품에서 그의 용기가 보여지는가? 나폴리 왕의 분노로부터 돈 뻬드로가 목숨을 살려주었고, 띠스베아에게서 도망치고, 돈 곤살로의 살해에 대해서 라모따에게 누명을 씌우고 아르민따에게서도 도망친 것이다. 난파됐을 때 까딸리논의 목숨을 살려주었지만 그 외에 그의 유일한 용기 있는 행동은 돈 곤살로와 싸운 것이고 왕의 대신인 그를 죽인 일이다" 돈 곤살로와의 싸움 역시 마지못해 한 것이며, 노인을 상대로 혈기왕성한 젊은이가 싸운 건 결코 용기가 될 수 없을 것이다.

9) 사이드 아르메스또는 그 예로서 1618년 출판된 에스뻬넬 Espinel의 소설 『시종 마르꼬스 데 오브레곤의 삶*Vida del escudero Marcos de Obregón*』을 비롯하여 로뻬, 띠르소, 벨레스Vélez 등의 작품들을 들고 있다.

10) 로드리게스 로뻬스 바스께스Rodríguez López Vázquez는 1600년부터 1617년까지 돈 후안과 비슷한 주제와 모티프를 가지고 있던 작품을 12개 정도는 고를 수 있다고 주장한다. 그는 몇 개의 작품을 예로 들고 있는데, 이를테면 로뻬의 『쎌라우로의 사기극*Los embustes de Celauro*』(1600)에서 주인공 쎌라우로는 루뻬르시오와 풀헨시아 부부를 파멸에 이르게 하기 위해 거짓말, 사기, 배신 등의 모든 수단을 사용한다. 더욱이 몇몇 장면과 텍스트 일부는 구체적으로 『세비야의 농락자』와 평행선을 이루고 있다. 또 1604년 공연된 로뻬의 『가련한 힘*La fuerza lastimosa*』에서는 『세비야의 농락자』와 동일 인물들(옥따비오 공작, 이사벨라, 돈 후안, 파비오 등)을 사용하고 유사 장면들을 가지고 있다. 또한 로뻬의 『은둔처의 평민*El villano en su rincón*』(1617)에서는 오똔과 돈 후안의 인물됨이 유사하고, 귀족과 결혼하려는 농부여인들의 모티프뿐 아니라, 상호 초대와 석상이 등장한다는 점에서 주시할 만한 작품인 것이다. 로드리게스 로뻬스 바스께스는 상호 초대와 시기치고 배반하는 농락자, 그리고 살아 있는 석상이 등장하는 극이 17세기 초기 스페인에 유행했던 것으로 주장하고 있다. 한편 그레고리오 마라뇬Gregorio Marañón은 돈 후안보다 먼저 출현한 돈 후안적 인물로서 후안 데 꾸에바Juan de Cueva의 『모략자*El infamador*』에 등장하는 레우시니오와, 로뻬의 『만족스런 담보*La fianza satisfecha*』의 레오니디오를 제시한다.

11) 깔데론 델 라 바르까의 작품으로 1631년에서 1635년 사이에 집필된 것으로 추정된다.

12) 그는 젊었을 때 방탕한 생활을 한 것으로 유명하다. 결혼 후에는 신부를 목숨보다도 더 사랑했으나 그녀가 죽자 거의 실성하여 고통당하던 나머지 그녀의 시체를 데리고 함께 산으로 도주했다. 이후 어느 정도 슬픔이 가라앉자 수도원에서 위안과 평화를 찾았다. 그러나 다시 세비야로 돌아왔을 때 옛 상처가 되살아나 망상으로 인해 괴로워했다. 그는 종종

자기 자신의 장례식에 참석하는 환상을 보았고 거리에 나서면 죽은 아내를 닮은 여인이 나타났다 사라지곤 했다. 이러한 망상에서 자유롭고자 그는 종교생활과 고행에 전념하고 교회에 아낌없이 기부하며 살았다. 돈 미겔 데 마냐라의 이야기는 프랑스 작가 메리메의 『연옥의 영혼들Les Ames du Purgatoire』(1834)과 알렉상드르 뒤마의 『돈 후안 데 마라나 또는 천사의 추락Don Juan de Marana ou La chute d'un ange』(1836)에 영향을 미쳤다.

13) 수도 마드리드가 위치한 스페인 중부지방.

14) 남자의 명예를 위해서는 부정이 의심되는 아내를 살해하는 행위가 정당화될 수 있음을 보여주는 깔데론 작품의 인물.

15) 마라뇬은 이에 대한 부연설명으로 이사벨라의 침실에서 그녀의 약혼자 행세를 하며 그녀의 순결을 범하는 돈 후안을 예로 든다. 어둠 속의 돈 후안을 말이다. 그는 그것이 돈 후안이고 돈 후안의 본질이라고 주장한다. 서로를 아는 것은 위대한 사랑을 위한 피할 수 없는 조건이기 때문에 구별된 남자, 완벽한 남자는 그 반대로 자기 연인을 보고 또 그녀가 자기를 봐주기를 요구한다는 것이다. 또한 나폴리 왕이 정체를 물을 때 돈 후안은 "누구겠습니까? 한 남자와 한 여자지"라고 대답하는데 이는 돈 후안과 이사벨라라는 두 인격체를 가리키는 것이 아니고 마주보고 있는 두 가지 성性을 언급했을 뿐이라고 주장하며, 또 누구냐는 이사벨라의 물음에 돈 후안이 "내가 누구냐고? 이름 없는 남자요"라고 말한 것을 통해 돈 후안은 인격체가 아닌 하나의 성이란 의미라고 설명한다. 그러나 이런 마라뇬의 주장은 당시 돈 후안의 상황과 입장을 무시하고 일방적으로 그를 해석하려는 의도에서 나온 무리한 해석이다. 어차피 다른 사람의 행세를 하고 있기에 그는 어둠 속에서 이사벨라를 범할 수밖에 없었고, 이런 상황에서 바보가 아니라면 정체를 묻는 왕이나 이사벨라에게 자신의 이름을 가르쳐줄 수가 없었던 것이다. 돈 후안은 무모한 자이지만 멍청이는 아닌 것이다.

16) 이는 윤가현이 "아동기 때에 겪었던 색정의 기억"이라고 말한 것이다.

참고문헌

윤가현, 『성문화와 심리』, 학지사, 2003.

이소현, 「돈환 신화의 역사성과 이데올로기 배경」, 서울대 석사 논문, 1998.

전원화, 「Don Juan 설화에서의 성(性)과 사회」, 고려대 박사논문, 2000.

정동섭, 「바로크적 진실과 낭만주의적 거짓」, 『서어서문연구』 29호, pp.371-386, 2003.

______, 「돈 후안 비교연구: 기원에서 19세기까지」, 『스페인어문학』 31호, pp.229-249, 2004.

Isasi Angulo, Amando C., *Don Juan: evolución dramática del mito*, Bruguera, 1972.

Kelley, Kathryn & Byrne, Donn, *Exploring Human Sexuality*, Prentice Hall, 1992.

Kott, Jan, "Don Juan or On Desire", *Kenyon Review*, vol. 18, Iss 1, pp.36-50, 1996.

Maeztu, Ramiro de, Don Quijote, *Don Juan y La Celestina*, Espasa-Calpe, 1968.

Marañón, Gregorio, *Don Juan: ensayos sobre el origen de su leyenda*, Espasa-Calpe, 1964.

Mandel, Oscar, *The Theatre of Don Juan*, University of Nebraska Press, 1963.

Mandrell, James Bennett, *Don Juan and Revision: Myth, Textuality, and "Don Juan Tenorio"*, Ann Arbor: UMI, 1984.

__________, *Don Juan and the Point of Honor*, The Penn State Univ. Press, 1992.

Molho, Maurice, *Mitologías. Don Juan. Segismundo*, Siglo XXI, 1993.

Ontañón de Lope, Paciencia, "Aproximación al concepto de Don Juan", *en El donjuanismo en las novelas de Galdós y otros estudios*,

UNAM, 1993.

Pedraza Jiménez, Felipe B. & Rodríguez Cáceres, Milagros, Manual de literatura española IV. Barroco: teatro, Navarra, Cénlit, 1983.

Rank, Otto, *The Don Juan Legend*, Princeton Univ. Press, 1975.

Rousset, Jean, *El mito de Don Juan*, Fondo de cultura económica, 1985.

Said Armesto, Víctor, *La leyenda de Don Juan*, Espasa-Calpe, 1968.

Tirso de Molina, *El burlador de Sevilla*(ed. Alfredo Rodríguez López-Vázquez), Cátedra, 1997.

Varey, John E., *Cosmovisión y escenografía: El teatro español en el siglo de oro*, Castalia, 1987.

Weinstein, Leo, *The Metamorphoses of Don Juan*, Stanford Univ. Press, 1959.

Zorrilla, José, *Don Juan Tenorio*(ed. Luis Fernández Cifuentes), Crítica, 1993.(정동섭 옮김, 『돈 후안 테노리오』, 책세상, 2004.)

돈 후안 치명적인 유혹의 대명사

펴낸날	초판 1쇄 2006년 7월 20일
	초판 2쇄 2017년 12월 4일

지은이	정동섭
펴낸이	심만수
펴낸곳	(주)살림출판사
출판등록	1989년 11월 1일 제9-210호

주소	경기도 파주시 광인사길 30
전화	031-955-1350 팩스 031-624-1356
홈페이지	http://www.sallimbooks.com
이메일	book@sallimbooks.com

ISBN	978-89-522-0538-3 04080
	978-89-522-0096-9 04080(세트)

※ 값은 뒤표지에 있습니다.
※ 잘못 만들어진 책은 구입하신 서점에서 바꾸어 드립니다.

376 좋은 문장 나쁜 문장

송준호(우석대 문예창작학과 교수)

어떻게 좋은 문장을 쓸 수 있을 것인가? 우선 좋은 문장이 무엇이고 그렇지 못한 문장은 무엇인지 알아야 할 것이다. 대학에서 글쓰기 강의를 오랫동안 해 온 저자가 수업을 통해 얻은 풍부한 사례를 바탕으로 문장교육을 제대로 받지 못한 독자들에게 좋은 문장으로 가는 길을 제시하고 있다.

051 알베르 카뮈

유기환(한국외대 불어과 교수)

알제리에서 태어난 프랑스인, 파리의 이방인 알베르 카뮈에 대한 충실한 입문서. 프랑스 지성계에 혜성처럼 등장한 카뮈의 목소리는 늘 찬사와 소외를 동시에 불러왔다. 그 찬사와 소외의 이유, 그리고 카뮈의 문학, 사상, 인생의 이해와, 아울러 실존주의, 마르크스주의 등 20세기를 장식한 거대담론의 이해를 돕는 책.

052 프란츠 카프카

편영수(전주대 독문과 교수)

난해한 글쓰기와 상상력으로 문학사에 커다란 발자취를 남긴 카프카에 관한 평진. 잠언에서 중편 소설 「변신」 그리고 장편 소설 『실종자』와 『소송』 그리고 『성』에 이르기까지 카프카의 거의 모든 작품에 대한 해석을 담고 있다. 또한 이 책은 카프카의 잠언과 노자의 핵심어인 도(道)의 연관성을 추적하는 등 새로운 관점도 보여 준다.

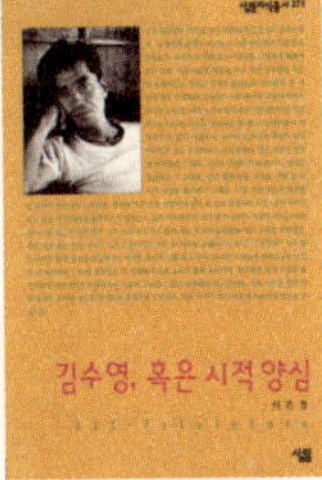

271 김수영, 혹은 시적 양심

이은정(한신대 교양학부 교수)

힘과 새로움으로 가득 차 있는 김수영의 시 세계. 그 힘과 새로움의 근원을 알아보고 지금까지와는 다른 새로운 독법으로 그의 시 세계를 살펴본다. 그와 그의 시에 대해 깊은 애정을 가진 저자는 김수영의 이해를 위한 충실한 안내자 역할을 자처한다. 김수영의 시 세계를 향해 한 발 더 들어가 보고자 하는 독자들에게 유익한 책이다.

369 도스토예프스키

eBook

박영은(한양대학교 HK 연구교수)

『카라마조프가의 형제들』과 『죄와 벌』로 유명한 러시아의 대문호 도스토예프스키. 그의 작품에 등장하는 생생한 인물들은 모두 그의 힘들었던 삶의 경험과 맞닿아 있다. 한 편의 소설 같은 삶을 살았으며, 삶이 곧 소설이었던 작가 도스토예프스키의 생의 한가운데 서서 그 질곡과 영광의 순간이 작품에 어떻게 드러나는지를 살펴본다.

245 사르트르 참여문학론

eBook

변광배(한국외대 불어과 강사)

사르트르의 『문학이란 무엇인가』에서 전개된 참여문학론을 소개하면서 억압받는 자들을 위한다는 기치를 높이 들었던 참여문학론의 의미를 성찰한다. 참여문학론의 핵심을 이루는 타자를 위한 문학은 자기 구원의 메커니즘에 문제가 생겼을 때 이 문제를 해결하고, 그 메커니즘을 보충하는 이차적이고도 보조적인 문학론이라고 말한다.

338 번역이란 무엇인가

eBook

이향(통역사)

번역에 대한 관심이 날로 늘어 가고 있다. 추상적이거나 어렵게 느껴지는 번역 이론서들, 그리고 쉽게 읽히지만 번역의 전체 그림을 바라보기에는 부족하게 느껴지는 후일담들 사이에 다리를 놓는 이 책은 번역의 이론과 실제를 동시에 접하여 번역의 큰 그림을 그리고자 하는 독자들에게 안성맞춤이다.

446 갈매나무의 시인, 백석

eBook

이숭원(서울여대 국문과 교수)

남북분단 이후 북에 남았지만, 그를 기리는 많은 이들의 노력으로 백석은 현재 우리나라에서 가장 주목받는 시인 중 한 사람이다. 이 책은 시인을 이해하는 많은 방법 중 '작품'을 통해 다가가기를 선택한 결과물이다. 음식 냄새 가득한 큰집의 정경에서부터 '흰 바람벽'이 오가던 낯선 땅 어느 골방에 이르기까지, 굳이 시인의 이력을 들춰보지 않더라도 그의 발자취가 충분히 또렷하다.

053 버지니아 울프 살아남은 여성 예술가의 초상   eBook

김희정(서울시립대 강의전담교수)

자신만의 독창적인 글쓰기 방식을 남기고 여성작가로 살아남는 다는 것이 어떤 의미를 갖는지를 보여 준 버지니아 울프와 그녀의 작품세계에 관한 평전. 작가의 생애와 작품이 어우러지는 지점들을 추적하는 방식으로, 모더니즘 기법으로 치장된 울프의 언어 저변에 숨겨진 '여자이기에' 쉽게 동감할 수 있는 메시지들을 해명한다.

018 추리소설의 세계

정규웅(전 중앙일보 문화부장)

추리소설의 역사는 오이디푸스 이야기까지 거슬러 올라간다. 저자는 고전적 정통 기법에서부터 탐정의 시대를 지나 현대에 이르기까지 추리소설의 역사와 계보를 많은 사례를 들어 재미있게 설명하고 있다. 추리소설의 'A에서 Z까지', 누구나 그 추리의 세계로 쉽게 빠져들게 하는 책이다.

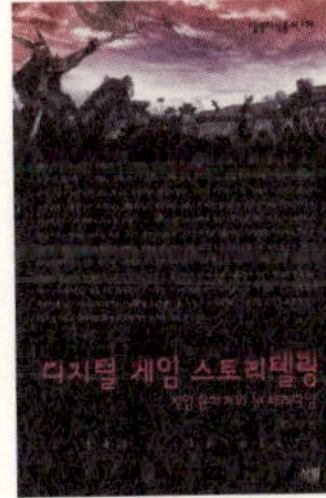

199 디지털 게임 스토리텔링   eBook

한혜원(이화여대 디지털미디어학부 교수)

디지털 시대의 새로운 이야기 양식을 소개한 책. 디지털 패러다임의 중심부에 게임이 있다. 이 책은 디지털 게임의 메커니즘을 이야기 진화의 한 단계로서 설명한다. 게임의 역사에 있어서 중요한 패러다임의 변화, 게임이라는 새로운 지평에서 펼쳐지는 새로운 이야기 양식에 대한 분석 등이 흥미롭게 소개된다.

326 SF의 법칙

고장원(CJ미디어 콘텐츠개발국 국장)

과학의 시대다. 소설은 물론이거니와 영화, 애니메이션, 만화, 게임 등 온갖 형태의 콘텐츠가 SF 장르에 손대고 있다. 하지만 SF 콘텐츠가 각광을 받고 있는 것에 비해 이 장르에 대한 깊이 있는 이해를 도울 만한 마땅한 가이드북이 존재하지 않는다. 이 책은 이러한 아쉬움을 채워주기 위한 작은 출발점이 될 것이다.

eBook 표시가 되어있는 도서는 전자책으로 구매가 가능합니다.

(주)살림출판사

www.sallimbooks.com

주소 경기도 파주시 문발동 522-1 | 전화 031-955-1350 | 팩스 031-955-1355